从这里走近
春秋

❷ 晋楚争霸（上）

刘涌 著

中国纺织出版社有限公司

图书在版编目（CIP）数据

从这里走近春秋.②，晋楚争霸.上/刘涌著.--
北京：中国纺织出版社有限公司，2022.11
ISBN 978-7-5180-9774-6

Ⅰ.①从… Ⅱ.①刘… Ⅲ.①中国历史—春秋时代—通俗读物 Ⅳ.①K225.09

中国版本图书馆CIP数据核字（2022）第146358号

责任编辑：张　宏　　责任校对：高　涵　　责任印制：储志伟

中国纺织出版社有限公司出版发行
地址：北京市朝阳区百子湾东里A407号楼　邮政编码：100124
销售电话：010—67004422　传真：010—87155801
http://www.c-textilep.com
中国纺织出版社天猫旗舰店
官方微博 http://weibo.com/2119887771
鸿博睿特（天津）印刷科技有限公司印刷　各地新华书店经销
2022年11月第1版第1次印刷
开本：710×1000　1/16　印张：15.25
字数：172千字　定价：158.00元（全四册）

凡购本书，如有缺页、倒页、脱页，由本社图书营销中心调换

目录

① 桐叶封唐——晋国的起源 / 001

② 曲沃代晋——晋国长达数十年的血腥历史 / 003

③ 血洗亲族——晋献公灭桓庄之族 / 006

④ 假道伐虢——一场漫长的战争 / 009

⑤ 虎毒食子——太子申生之死 / 015

⑥ 赶尽杀绝——公子重耳背井离乡 / 034

⑦ 晋国内乱——又一场权力之争 / 038

⑧ 忘恩负义——晋惠公的小人行径 / 046

⑨ 重耳流亡——十九年的漂泊天涯路 / 058

⑩ 王者归来——晋文公安定晋国内乱 / 074

⑪ 城濮之战——中原大混战的缩影 / 078

⑫ 践土会盟——晋国称霸的起点 / 096

⑬ 枭雄垂暮——楚成王最后的生涯 / 101

⑭ 崤之战——影响深远的秦晋之战 / 108

⑮ 子承父业——晋襄公争霸中原 / 119

⑯ 流年不利——晋国的六卿之殇 / 123

⑰ 权臣赵盾——晋国历史上的第一位权臣 / 128

⑱ 横扫六合——楚穆王的开疆拓土 / 139

- ⑲ "一鸣惊人"——楚庄王即位后的辛酸三年 / 144
- ⑳ 若敖氏之乱——楚国权力臃肿的弊病 / 151
- ㉑ 多事之秋——中原诸侯的乱象丛生 / 155
- ㉒ 晋楚争霸再起——楚庄王问鼎中原 / 160
- ㉓ 赵盾弑君——一场难以掩盖的阴谋 / 166
- ㉔ 饮马黄河——楚庄王的君子之风 / 174
- ㉕ 邲之战——楚庄王的霸业巅峰 / 182
- ㉖ 乱世纷争——邲之战结束后的动荡 / 196

附录 / 207

- 附录1　重耳的肋骨之谜 / 208
- 附录2　三晋诸侯赵、魏、韩的起源 / 210
- 附录3　公子重耳流亡路线考证 / 212
- 附录4　卫文公灭邢 / 216
- 附录5　城濮之战中晋军强攻曹国 / 218
- 附录6　城濮位置考证 / 221
- 附录7　春秋五霸究竟是谁 / 223
- 附录8　崤之战前晋军的动向 / 224
- 附录9　晋襄公为何提拔赵盾为中军将 / 225
- 附录10　成语"一鸣惊人"的考证 / 226
- 附录11　公子燮和斗克叛乱之谜 / 229
- 附录12　楚庄王的两三件轶事 / 231
- 附录13　三箭平乱 / 235
- 附录14　郑灵公之死 / 237

01 桐叶封唐
——晋国的起源

《史记·晋世家》记载,周武王的夫人邑姜怀孕时,曾梦见天帝对她说,我将你的儿子命名为虞,并将唐国赐予他。此地归属于参星,会保佑他的子孙后代繁衍。

邑姜腹中的婴儿出生后,他的手上果然有一个像"虞"字的掌纹,所以他被命名为虞。又因为他在同辈兄弟中年龄最小,按照伯仲季叔的顺序,他被人称为叔虞。

后来,邑姜梦见唐国发生叛乱,周公旦便出兵诛灭唐国。叔虞与他的哥哥周成王玩耍时,周成王将一片桐叶剪成玉圭❶的形状,对叔虞说,我以桐叶册封你。

天子身边的史官,肩负着君举必书的使命❷,史官将周成王的言行记录在案,并要求周成王挑选良辰吉日,册封叔虞。

周成王不以为然地说:"这是我与叔虞嬉笑玩闹的戏言。"

史官义正词严地回答:"君无戏言,天子的言谈举止要符合礼乐,必须一言九鼎。"

周成王便将弟弟叔虞封在唐国,后来叔虞又被称为唐叔虞。唐叔虞死

---

❶ 玉圭是古代帝王和诸侯朝聘以及祭祀丧葬时所用的玉制礼器,是权力的象征。

❷ 记录天子的一言一行,将其载入史册。

后，他的儿子姬燮继位，改国号为晋，这便是晋国的起源。

公元前811年，晋国国君之位传到了晋穆侯手中。晋穆侯有两个儿子，太子名为仇，次子名为成师。"仇"字在当时有夫妻不和的意思，"成师"的意思则非常吉利。晋国群臣担心，成师的名字压过了太子仇，日后晋国恐怕会有祸乱。

公元前785年，晋穆侯去世时，太子来不及即位，晋穆侯的弟弟殇叔便趁机夺位，自立为君，太子仇只能被迫逃亡。经过四年的争斗，太子仇率军反攻殇叔获胜，他终于登上了属于自己的国君之位，史称晋文侯。

晋文侯生活在西周向东周过渡的时代，平王东迁前后，周王室曾经出现了二王并立的局面，晋文侯支持周平王，他率军护送平王东迁，博得了周平王的好感。

东周之初，周携王一直是周平王的心腹大患，晋文侯为了晋国的发展，在公元前750年，率兵袭杀周携王。周平王得知消息后，大喜过望，他特赐晋文侯征伐的权力。从此，晋国可以借天子之名征伐周边的诸侯国。

晋国命运的转折点，出现在公元前746年。那一年，晋文侯去世，他的儿子姬伯即位，史称晋昭侯。

不知晋昭侯出于什么目的，竟然将晋国的重镇曲沃城封给了叔叔成师，从此，成师又被称为曲沃桓叔。

曲沃城的规模比国都翼城还大，曲沃桓叔手握曲沃城，很快发展出不弱于翼城的军队。在此后接近七十年的光阴里，晋国饱受血雨腥风的摧残。

02 曲沃代晋
——晋国长达数十年的血腥历史

公元前739年，曲沃桓叔羽翼渐丰，他与翼城的大臣潘父勾结，指使潘父弑杀晋昭侯，而他自己，则从曲沃起兵攻打翼城，趁机夺取国君之位。

翼城守军拼死抵抗，成功击退了曲沃叛军。随后，翼城拥立晋昭侯的儿子姬平为君，史称晋孝侯。晋孝侯即位后，便着手稳定政局，他诛杀了潘父等一众乱党，以儆效尤。

但曲沃桓叔手握重镇，晋孝侯有心平乱却无力回天。翼城与曲沃两方人马陷入僵持。

公元前731年，曲沃桓叔去世，他的儿子曲沃庄伯即位。曲沃庄伯继承了父亲的遗志，六年后，他派刺客前往翼城暗杀晋孝侯。刺客得手，曲沃庄伯趁机兴兵攻打翼城。

翼城守军再次拼死抵抗，最终，他们再一次击退曲沃叛军。战后，翼城群臣拥立晋孝侯之子姬郄即位，史称晋鄂侯。

好景不长，公元前718年，晋鄂侯去世，曲沃庄伯趁机出兵，这是曲沃叛军第三次攻打翼城。

可是这一年，周王室已经与郑国交恶。周桓王不知出于什么目的，他号令诸侯讨伐曲沃庄伯。

曲沃城位于翼城与成周雒邑之间，正当曲沃庄伯围攻翼城时，后方的大本营遭到了天子联军的偷袭。他不敢大意，只能率军退守曲沃。翼城死里逃生，城内群臣又拥立晋鄂侯之子姬光为君，史称晋哀侯。

两年后，曲沃庄伯带着遗憾离开人世，他的儿子曲沃武公即位。公元前710年，中原局势发生巨变，郑庄公有了春秋小霸的气象，周桓王正全力压制郑国，无暇西顾。

正当此时，曲沃武公发兵攻打翼城。这是曲沃方面发动的第四次权力之战，数十年来翼城动荡不安，实力每况愈下，守军不敌叛军，晋哀侯也被对方俘获。曲沃武公为防止变生肘腋，他将晋哀侯先带回曲沃，不久后又将其弑杀。

翼城众人不甘心被曲沃取代，他们又将晋哀侯之子立为国君，史称晋小子侯。

公元前705年，曲沃武公以和谈为诱饵，把晋小子侯骗到曲沃，然后手起刀落，将对方弑杀于城中。

短短五年内，两任晋国国君都死于曲沃武公之手。杀死晋小子侯以后，曲沃武公很快起兵攻打翼城，企图一战而竟全功。

翼城的规模小于曲沃，又连遭重创，此时翼城守军已无力与叛军抗衡。当他们将要遭受灭顶之灾时，刚刚在繻葛之战中败北的周桓王却出手了。周桓王任命虢公林父为统帅，率领天子联军讨伐曲沃。

在这一战中，虢公林父成为东周帝国的落日余晖，他麾下的天子联军势如破竹，很快兵困曲沃。曲沃武公两线作战，力有不逮，他只能退守曲沃。虢公林父与曲沃武公对阵沙场时，天子联军一扫繻葛之战的颓势，在虢公林父的统帅下，大获全胜，重创曲沃。

这一战过后，翼城与曲沃两败俱伤。三十四年来，五位晋国国君去世，翼城已经无人可立，他们只能拥立晋哀侯之弟姬缗为国君，史称晋侯缗。两方人马暂时偃旗息鼓，在此后二十多年的光阴中，晋国无内战。

公元前678年，齐桓公以重金贿赂时任天子周釐王，并以"尊王攘夷"为旗号，始霸中原。曲沃武公受到启发，同样以重金贿赂周釐王，并获得了周釐王的支持。

至此，曲沃武公再无后顾之忧，他出兵讨伐翼城，开启了第六次权力之争。这一战，曲沃武公终于如愿以偿，他攻破翼城，弑杀晋侯缗，这是第三位死在曲沃武公手中的国君。

为了彻底攻下翼城，曲沃武公又一次派人送重金贿赂周釐王，请求天子将他封为国君。周釐王生性贪婪，他欣然接受贿赂，并将对方任命为晋国国君。从这一年开始，史书上也将曲沃武公称为晋武公。

从曲沃桓叔第一次攻打翼城算起，到晋武公取得国君之位为止，时间跨度长达六十七年，其中六次征战，五次弑君，后人将这六十年多的血腥史称为曲沃代翼。

在曲沃代翼的第二年，晋武公便与世长辞，他的儿子姬诡诸即位，史称晋献公。当时的人们没有想到，这位充满争议的国君，会开启晋国的强盛时代。

03 血洗亲族
——晋献公灭桓庄之族

晋武公在征战戎狄时，曾经俘获了对方的首领诡诸，为了彰显武功，晋武公便用戎狄首领的名字为儿子命名，这便是晋献公姬诡诸名字的由来。

历史上对晋献公的评价毁誉参半，有人说晋献公是一代雄主，因为他一生征战，并国十七，服国三十八，为晋国的霸业打下了坚实基础；也有人则说晋献公沉迷于女色，险些将晋国的江山社稷毁于一旦。这两种评价都很中肯，纵观晋献公的一生，后人很难用一句话来概括他的功过。

公元前671年，晋国大夫士蒍向晋献公提议，桓庄之族的公子太多，不利于晋献公的统治，不如斩草除根。

这个提议正中晋献公的下怀，毕竟晋国刚刚结束六十多年的血雨腥风，国力虚弱。而此时，齐桓公已经称霸天下，雄踞诸侯之首，南方的楚国日益强盛，对中原虎视眈眈，晋国西面的秦国逐步壮大，怀揣东进中原的野心，而周边的各路戎狄向来蠢蠢欲动。❶

如何坐稳国君之位，是晋献公首先思考的问题。士蒍口中的桓庄之族，曲沃桓公与曲沃庄伯的后代，这些人并称为桓庄之族。

晋献公是曲沃代翼的见证者之一，更是晋国小宗取代大宗的受益人，他对公族势力分外敏感。在晋献公的内心深处，非常担心桓庄之族的实力强盛

---

❶ 《国语》："今晋国艺方，偏侯也，其土又小，大国在侧。"

03 血洗亲族——晋献公灭桓庄之族

后,晋国再次发生小宗取代大宗的事件,到时候,他的国君之位将会不保。

于是,晋献公欣然同意士蒍的提议,二人秘密商议,准备用离间计诛杀桓庄之族。他们决定,先对桓庄之族中最强大的富氏家族下手。

随后,士蒍开始混迹于桓庄之族的群公子之间,他不断地寻找机会挑拨离间,让富氏家族成为群公子的仇敌。等到时机成熟,士蒍采用借刀杀人之计,他挑唆群公子攻击富氏家族群,晋献公对这件事默许纵容。富氏家族最终无力回天,他们只能被迫逃离晋国。

潜伏一年后,士蒍又以同样的策略,将矛头对准了游氏家族。他在群公子中间煽风点火,指使群公子杀死游氏家族的两位嫡公子。这时候,士蒍偷偷向晋献公汇报说:"不出两年,桓庄之族再不会成为国君您的心腹大患。"❶

两年后,时机成熟,晋献公在聚地修建新的城池❷,这座城池修建得富丽堂皇,极其奢华。士蒍则在暗中配合,他挑唆群公子将游氏灭族,随后晋献公以聚城作为封赏,引群公子入城居住。

桓庄之族的群公子不知是计,他们见聚城富丽堂皇,便心生欢喜,毫不怀疑地搬入城中享受。

这不过是请君入瓮的计谋。同年冬天,晋献公忽然派军兵困聚城,将城中的群公子赶尽杀绝。❸

事成之后,士蒍因为立下头功,受到了晋献公的赏识,很快被国君任命为大司空。士氏一族也借此机会成为晋国历史上重要的家族之一。

---

❶ 《左传·庄公二十四年》:"不过二年,君必无患。"
❷ 据史料记载与考证,聚城即车厢城,遗址位于今山西省绛县南城村,据说当地至今保留着当年的一些石匾。
❸ 《左传·庄公二十六年》:"晋侯围聚,尽杀群公子。"

由于聚城修建得富丽堂皇，桓庄之族被灭后，晋献公将聚城更名为绛城，并将国都迁至此处，绛城随着晋国的发展，成为春秋时代的一座名城。

从晋献公血洗桓庄之族可以看出，他是一个生性凉薄、心狠手辣之人。凡事做得太绝，缘分势必早尽，虽然晋献公暂时消除了公族势力对君权的威胁，但同时也为日后埋下了巨大的隐患。

春秋时期，统治阶级之间是一张巨大的亲族关系网，各路诸侯都会倚重国内的公族势力进行统治。晋献公血洗亲族后，晋国成为东周列国中唯一没有公族的诸侯国，以致后来晋文公设立六卿时，只能启用大量的异姓士大夫。随着历史的推进，这些六卿中的士大夫实力越来越强，又为日后的三家分晋埋下了伏笔。

04 假道伐虢
——一场漫长的战争

尽管晋献公兵困聚城,将城中群公子赶尽杀绝,但晋国依然有桓庄之族的幸存者,他们流亡到虢国,企图借助虢国的力量,向晋献公反扑。

虢国与晋国的关系一言难尽,当年晋武公第五次起兵攻打翼城时,虢国国君虢公林父便奉旨从中作梗,导致曲沃代翼的进程推迟二十余年。如今虢国再次对晋国出手,无异于旧恨更添新仇。

晋献公大抵不相信君子报仇十年不晚的道理,数月后,他集结晋军,准备出兵讨伐虢国。

在当时,晋国想要讨伐虢国,是一件很敏感的事情。自周平王后期开始,虢国的数代国君都在周王室担任重要官职,齐桓公又是以"尊王攘夷"为旗号称霸中原的,齐国和周王室以及虢国的关系很微妙,晋国若是贸然伐虢,不知会有何后果。

士蒍得知后连忙入宫劝谏,他向晋献公提议:"虢国国君虢公是一个十分骄傲的人,他入侵晋国取得胜利,必然会骄纵,等到他失去民心时,我们再出兵攻打虢国,必将势在必得。"

骄傲的国君并不在少数,不见得他们都会失去民心,可士蒍却笃定,虢公会失去民心,鉴于他曾经演绎过一场完美的离间计,如果在虢公骄纵时,晋国再趁机推波助澜,那么虢公十有八九会失去民心。

晋献公权衡利弊,最终同意了士蒍的建议。

据史书记载，侧面印证了士蒍的判断。公元前662年，史书上记载了一个与虢国有关的神秘事件，那一年农历七月初秋，有传言虢国的莘地降下一位神灵，消息传到时任天子周惠王耳中，他询问内史其中缘由，内史答道，一个国家的兴起或者灭亡，都会有神灵现身，夏商周都有过这样的神迹。

周惠王追问："那现在应该怎么办？"

内史又答："应该用相应的祭品去祭奠。"

随后周惠王听从内史的建议，并派他前往虢国祭祀。内史抵达事发地，听说虢公向神灵祈求土地。归来后，内史下了一个结论——虢国将亡。他说："国家若将兴盛，则需要听从百姓之言，若将灭亡，则听从神明之言，虢国德行寡薄，不会被神明眷顾而得到土地。"❶（史嚚曰："虢其亡乎！吾闻之：国将兴，听于民；将亡，听于神。神，聪明正直而一者也，依人而行。虢多凉德，其何土之能得？"）

唐代诗人李商隐在《贾生》中这样写道："可怜夜半虚前席，不问苍生问鬼神。"其中揭示的道理与东周内史之言相似。

史书的记载颇为玄幻，也印证了虢公已经失去民心。

又过了四年，即公元前658年，晋献公已经执政了十九年，他对外征战无数，晋国疆域迅速扩大，而中原之上，齐楚争霸正如火如荼。在这种背景下，晋献公下定决心，准备出兵讨伐虢国。

虢国位置贴近周王室，晋军若想伐虢，势必会途经虞国。晋国大夫荀

---

❶ 《左传·庄公三十二年》："神居莘六月。虢公使祝应、宗区、史嚚（yin，非乱码）。"

息向晋献公提议，晋国可以用屈产之乘和垂棘之璧贿赂虞国❶，以换取虞国向晋军借道。

晋献公听完连连摇头，他说："这两样东西是我的宝物。"

荀息委婉地劝说："如果能向虞国借道，您的宝物等于放在晋国的外库中。他的言外之意是，吞并虢国后，晋国可以顺势将虞国一起吞并。"

晋献公仍有顾虑，传言虞国有位能人叫作宫之奇，有他在，虞国未必肯借道。

荀息对此早有判断，他继续说，"宫之奇为人懦弱，不敢直言劝谏。而且他从小居住在宫中，虞国国君看着他长大，即使宫之奇出言劝谏，虞国国君也未必会听从"。

荀息的这段话，展现了春秋时代的权谋之士对人性的洞察。荀息认为，宫之奇自幼在宫中长大，并深受虞国国君宠爱，他在国君眼中，不过是一个晚辈。有时候，无论一个人在外面有多厉害，当他回到家中，在长辈眼里，他永远是那个没有长大的孩子，而长辈会固执地拒绝他的建议。

晋献公对荀息的这番话仔细思索之后，便派他前往虞国借道。荀息面见虞国国君时，采用了非常巧妙的话术，他献上宝物后侃侃而谈说，当年冀国国君昏庸无道，曾经出兵攻打虞国，我们晋国为虞国而讨伐冀国。足以见得，晋虞两国的友好关系源远流长。如今虢国国君同样昏庸无道，企图进犯我晋国南部边境，我奉国君之命，前来向虞国借道，讨伐虢国。

荀息的逻辑十分清晰，他先与对方叙旧，然后痛斥虢国国君昏庸无

---

❶ 屈产位于今山西省石楼县东南，出名马，屈产之乘泛指良马宝驹。垂棘地方不明，应属于晋国，此地以出产美玉而闻名，垂棘之璧泛指无价之宝的美玉。

道，最后才提出晋国的诉求。话术的最高境界，是以真实情况因势利导。虢公已经失去民心，所以荀息游说虞国国君之言，没有半句假话。

在大多数人的印象中，虢国是春秋时代名不见经传的小国，然而在西周初期，周王室以公侯伯子男划分等级，分封过数百诸侯，其中爵位最高的公爵国仅有八个，虢国和虞国都位列其中。人们熟知的虢公忌父或者虢公林父，他们名字中的"公"字，便是爵位之意。

在周平王执政末期，平王提拔虢公忌父为卿士，以对抗郑庄公，而到了周桓王时代，桓王宠信虢公林父，数次对其委以重任，例如，繻葛之战中，虢公林父统率一军。在征讨曲沃时，虢公林父更是天子联军的统帅。此后虢国一直与周王室保持密切的关系，他们数代国君倚仗天子之威，作风很是骄横跋扈。

虞国同为公爵国，又与虢国接壤，他们对虢公的积怨已久。此时晋国使臣荀息献上重礼想借道，虞国国君脑门一热，便想答应对方，他甚至提议，让虞军作为晋国先锋，率先攻打虢国。

宫之奇得知消息后，急忙前来劝阻。虞国国君果然对他的建议置之不理，执意与晋国一同伐虢。同年夏天，晋国大夫里克和荀息率领晋军南下，与虞军会师。联军势如破竹，攻取了虢国的下阳❶。

三年后，公元前655年，晋献公又一次向虞国借道，攻打虢国。面对晋献公不怀好意的请求，宫之奇再次劝谏，他说："虢国和虞国是唇亡齿寒的关系，虢国是我们的屏障，如果虢国灭亡了，虞国肯定要灭亡，您已经借过一次，不能再犯错了。"

---

❶ 今山西省平陆县附近，是虢国的重镇，也是虢国的宗庙所在。

虞国国君不以为然地回答:"晋国与我都是姬姓诸侯国,而且同是一个宗族,晋国国君不会害我。"

宫之奇连连摇头反驳道:"大王,您说的是很久以前的事情了。再说虢国也是姬姓诸侯国,和我们同是一个宗族,您看晋国国君依然要灭亡虢国。退一步说,晋国国君冷血无情,虞国和他再亲近,也比不过桓庄之族的群公子。十多年前,他兵困聚城,将桓庄之族赶尽杀绝了。他对亲族尚且如此,更何况我们?"

虞国国君又说:"我每次给神明的祭品既丰盛又丁净,神明一定会保佑我。"

宫之奇顺着他的思路劝说:"假如晋国攻占了虞国,也向神明献上同样的祭品,难道神明会拒绝吗?"

虞国国君不愿与宫之奇继续交谈,他固执己见,坚决给晋国借道。同年八月,晋献公如愿以偿,借道虞国,挥兵南下,围困虢国的上阳城。

这场围城战持续了四个月,直到十二月初一,晋国才攻破上阳城。虢国就此被灭,成为历史上的一个符号,虢公则仓皇出逃,前往周王室避祸。

晋军灭虢后,并没有急于回师晋国,而是驻扎在虞国地盘上修整军队,随后晋军袭击虞国,并活捉虞国国君以及大夫井伯❶。

从公元前668年晋献公准备讨伐虞国开始,到公元前655年虢国被灭,一共十三年,这场著名的假道伐虢战争,持续的时间比人们印象中更漫

---

❶ 井伯之后以其字"井"为姓氏。晋国灭虞国之后,井伯的后代井奚逃入秦国。秦穆公以井奚为大夫,封邑于"百吸",井奚便号"百里奚"。

长。在这次历史事件中，有一个细节值得深思：公元前558年，晋军已经成功攻破虢国重镇下阳城，晋献公却没有乘胜追击，偏偏要拖到三年后，才第二次假道伐虢。

因为在晋献公眼中，当时有一个更棘手的人需要处理，他便是晋国的太子申生。

05 虎毒食子
——太子申生之死

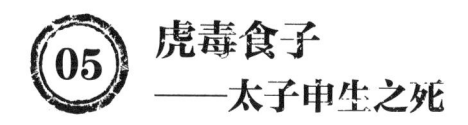

早年间，晋献公曾迎娶一位贾国女子为妻，可惜这名女子没有为他生下子嗣。晋武公去世后，献公即位，按照史书的记载，晋献公与父亲的宠姬齐姜曲径通幽，并生下一儿一女，儿子便是太子申生，女儿后来成为秦穆公的夫人，史书上将她称为穆姬或者秦穆夫人。❶

由于齐国的几代国君都非常喜欢将自己的女儿嫁给其他诸侯国的领导人物，他们甚至采取过强硬手段，逼其他诸侯国的重要人物迎娶齐国之女。例如，卫国剪不断理还乱的伦理关系背后，便存在齐国的影子。

晋献公与齐姜的结合，恰恰在齐桓公始霸中原后不久，结合晋献公执政后期逼死太子申生的行为，令人不由得怀疑这两人结合的背后原因。可惜没有更多的史料让后人考证。

齐姜产下太子申生和秦穆夫人不久，便与世长辞。随后晋献公又娶了两名狄国女子，姐姐狐姬为他产下一子，名为重耳，妹妹小戎子也为他产下一子，名为夷吾。

传说重耳根骨清奇，与正常人不同，他的肋骨并没有分开，而是连成一片，古人将这种肋骨称为骈胁<u>考证参见附录1</u>。

---

❶ 《左传·庄公二十八年》：晋献公娶于贾，无子。烝于齐姜，生秦穆夫人及大子申生。晚辈以卜淫上的情况，被称为"烝"。

太子申生、公子重耳和公子夷吾三人，是晋献公初期最看重的三位公子。然而事情的转折点，出现于公元前672年。

那一年，晋献公刚刚即位五年，他出兵攻打骊戎❶，晋献公不仅一举荡平骊戎，更是俘获了他一生中极为重要的两个女人——骊姬和她的妹妹少姬。这姐妹二人是骊戎首领之女，生得貌美如花。她们初入晋国，便受到了晋献公的宠爱。二人后来也为晋献公产下子嗣，骊姬之子名为奚齐，少姬之子名为卓子。

骊姬工于心计，非常善于宫斗，自从她生下奚齐，就处心积虑想让自己的儿子成为太子。当时晋献公有个宠信的伶人名为优施，据说此人与骊姬有私情。骊姬曾经询问优施，她想要废太子之位，扶持自己的儿子奚齐成为储君，应该如何向太子申生、公子重耳以及公子夷吾三人发难。

优施思量后回答："早点让他们意识到自己的地位已经到顶了，如此一来，他们便不会有非分之想。"

骊姬追问："我应该先从谁下手？"

优施早有对策，他说："必然先对太子下手，太子申生为人胆小怕事，又受不得侮辱。而且他年长稳重，性格耿直，也没有害人之心，你可以诬蔑他。"

骊姬有些迟疑："太子很稳重，恐怕难以动摇他的心志吧？"

优施说："太子受不得辱，他遭到诬蔑后，必然会感到耻辱，时间一久，他便会方寸大乱，从而心志动摇，我们便有机可乘。你表面上要做出善待太子的举动，私下里则以不义之名诬蔑他。一旦太子露出马脚，以他

---

❶ 活动范围位于今山西省析城山与王屋山之间。

耿直的性格，绝对不知如何应对。"❶

二人商议好对策后，便打算对太子申生动手。

晋献公有两个宠臣，一个叫作梁五，另一个叫作东关五。这两人恃宠而骄，深受百姓厌恶，晋人将他二人合称为二五耦，如今粤语中的"二五仔"便由此而来。

骊姬决定利用"二五仔"向晋献公进谗言。公元前666年，骊姬按照优施的阴谋，暗中贿赂拉拢梁五和东关五，让他们向晋献公吹枕边风。

二人欣然应允，他们寻到机会对晋献公提议说，曲沃是晋国宗庙所在❷，蒲地和南北二屈❸也是晋国边疆，这三个地方需要心腹之人管理。若是宗庙无人打理，百姓则会心生怠慢，若是边疆无人戍守，戎狄便会来犯。不如大王您派太子申生驻守曲沃，派公子重耳驻守蒲地，再派公子夷吾驻守屈地，如此一来，晋国既能守住祭祀传承，又能开疆拓土，何乐而不为？

晋献公很高兴，采纳了二人的建议。同年夏天，太子申生、公子重耳以及公子夷吾三兄弟被迫离开国都绛城，前往异地驻守。此事也为三人日后的命运埋下了伏笔。

骊姬成功地将三位公子调离国都绛城后并没有急于求成，反而耐心寻找机会。在这一时期，晋献公则频频对外用兵，开始了晋国开疆拓土的伟业。

生活在山西省长治以北的赤狄部落，最初与晋人杂居。随着晋军大肆

---

❶ 内容出自《国语·优施教骊姬远太子》，该文真实性难以考证，特此标明。
❷ 曲沃代翼后，曲沃桓叔的后人仍将宗庙留于曲沃。
❸ 蒲地位于今山西省隰县西北，南北二屈相邻，或称屈地，位于今山西省吉县东北。

征伐，赤狄部落首当其冲，他们难以抵挡晋军的征伐，被迫向东南方向迁徙。

公元前664年到公元前659年，远在东方的齐桓公本打算率联军远征楚国，中原诸侯国却频频遭到戎狄入侵，邢、卫二国相继遭遇灭顶之灾，而这些入侵的戎狄，便是被晋献公驱逐的赤狄部落。

公元前661年，晋献公驱逐赤狄后带领晋国走上了扩军之路。晋献公建立上军、下军两支军队，晋献公统领上军，命赵夙驾驭战车，命毕万做车右❶，太子申生则统领下军。

同年，晋军势如破竹般吞并了山西境内的三个诸侯国，分别为耿国、霍国和魏国，这三个诸侯国同为姬姓诸侯国，其中魏国被吞并后，晋献公将此地封给毕万，此后，毕万后人便以魏氏自称，魏氏一族经历数百年风雨，建立了战国七雄中的魏国。同时，晋献公又将耿国故地封给赵夙，赵夙所在的赵氏一族与魏氏相似，也在数百年后建立了战国七雄中的赵国<u>考证参见附录2</u>。

或许是因为晋献公对骊姬的宠爱，又或许是因为骊姬工于心计，再或许是因为那些未见史书记载的原因，公元前661年，晋献公做了一个微妙的决定，他命人帮助太子申生修筑曲沃城墙。

晋献公的心腹重臣士蒍从这件事中察觉到了一线玄机。毕竟太子申生作为晋国的继承者，本应该留守在晋献公身边，此外，按照当时的规矩，太子申生也不应该担任下军统帅，如果晋献公有历练他的打算，那么晋军凯旋后，太子申生也该回到绛城，等待继位。

可是晋献公不仅将太子申生外调至曲沃城驻守，更是为他修筑城墙。

---

❶ 车右，古时车乘位在御者右边的武士，相当于国君的贴身护卫。

05 虎毒食子——太子申生之死

这说明晋献公不想让他回到国都。

士蔿之所以能够卧底桓庄之族中数年不被察觉，是因为他有着超常的智慧和敏锐的嗅觉。士蔿预感到晋献公不想将国君之位传于太子申生，同时，晋献公又不想亲手杀死太子，毕竟太子的外公是称霸多年的齐桓公。

所谓食君之禄，忠君之事。士蔿前往曲沃城，为太子申生献策。他对太子说："如今大王为您修筑曲沃城，显然是将曲沃城分封于您，届时您既有封地，又有卿大夫统率晋军的权力，一定不会被立为国君。如今形势比人强，您不如效仿吴太伯❶，远逃他乡，如此一来，您既能留下忠孝的美名，又能保全性命，不至于他日命丧晋国。"

士蔿以吴太伯为例，劝太子申生放弃晋国国君之位，倘若太子申生听从，晋献公必然大喜。可是太子申生的成长经历与后世之人截然不同。他的老师名为杜原款，这个人深受礼乐制度的影响，他称得上是礼乐制度束缚下的君子。

近朱者赤，近墨者黑。太子申生在老师的影响下，也身具君子之风。在今天看来，这种君子之风过腐且令人不解，但在当时，这是一种统治阶级所独有的精神特质。

于是太子申生拒绝了士蔿的提议，他选择听从父亲晋献公的命令，继续驻守曲沃城。

一年后，即公元前660年，晋献公又命太子申生率上下两军攻打东山皋

---

❶ 吴太伯为季历之兄，当年周部落以兄终弟及制传承，吴太伯避不接位，携二弟一路向东，建立吴国。

落氏。❶

这一次，晋国群臣们也都察觉到情况不对。晋国大夫里克向晋献公劝谏说："太子本应打理寺庙祭祀或者照看大王您的饮食起居。若是大王您出征，太子应该守护晋国，若是有人可以担此重任，太子才应该跟随大王您一同出征。太子若是随您出征，则可称为抚君，太子若是守护晋国，则可称为监国。但是领兵为将，率军出征之事，是大王您或者正卿之责，太子则不可。大王您想，倘若太子领兵出征，一旦遇到紧急军情，太子将会陷入两难之地，他向您请示，则会失去他在军中的威严，可如果不向您请示，那便是擅自做主，是为不孝。因此，一国储君绝不可以率军出征。"

面对里克发自肺腑的长篇大论，晋献公仅仅回了一句话："我还有其他儿子，不知立谁为国君。"❷

里克听完晋献公直白的话，无言以对，他只能默默退了下去。不久后，里克觐见太子申生时，对方开门见山地问里克："我的太子之位要被废了吧？"

里克不忍心将晋献公的原话转告给对方，他顾左右而言他："大王命您治理百姓，更让您在军中历练，您应该努力，不辜负大王的栽培。您作为国君的儿子，应该担心自己不孝，而非担心您的太子之位被废。只要您加强自身的修为，无论日后发生什么事，都不要怪罪他人，那您一定可以逢凶化吉。"

里克这番话很委婉，好似病人向大夫询问病情时，大夫说，你不要胡

---

❶ 东山皋落氏，同为赤狄的一个分支，最初活跃于今山西省垣曲县一带，紧邻当时的晋国，与晋人也是杂居生活。

❷ 《左传·闵公二年》："寡人有子，未知其谁立焉。"

思乱想，人生的意义，在于感受当下，你要珍惜拥有的每一分每一秒。对了，你喜欢吃什么，就多吃点吧。

里克的话很委婉，但传递了准确的消息。里克这样做，至少会让太子申生有一个流亡的机会。❶

太子申生听完，当即明白了父亲的意图，然而他默然无语，依旧选择服从君命。晋军休整备战，准备出征，太子申生统率上军，狐突驾驭战车，先友作为他的车右，下卿夷罕为下军统帅，梁馀子养驾驭战车，先丹木作为车右，羊舌大夫担任军尉，随军出征。

这份名单上的人物，除了太子申生与狐突，其他人极少出现在史书中，而晋国重臣，诸如士蒍、荀息、里克、丕郑、赵夙、毕万等人，都没有参与出征。除了太子申生外，狐突也是一个重要人物，他是公子重耳的外公。

更令人不解的是，在出征前，晋献公赏赐给太子申生两件诡异之物，一件是左右两种不同颜色的衣服，另一件是一块金玦❷。同时，晋献公又传令太子申生，命他作战时要身穿着这件诡异的衣服，腰间也要佩戴金玦，还要求他杀尽敌人，才能回师。❸

太子申生看到这两件诡异之物后，脸色顿时苍白，他知道这是一个阴谋——父亲想让他死。

---

❶ 《史记·晋世家》中记载：里克谢病，不从太子。意为里克称病在身，没有随太子出征。此处记载与《左传》略有不同。

❷ 指有缺口的青铜环。

❸ 《左传·闵公二年》："大子帅师，公衣之偏衣，佩之金玦。狐突御戎，先友为右，梁馀子养御罕夷，先丹木为右。羊舌大夫为尉。"

在场的晋军将领们也都明白了国君的心思。出征将领的内部，出现意见分歧——太子申生的车右先友说："国君的赏赐没有恶意，这件两色衣服，一半代表国君，一半代表太子，太子又手握兵权，不必担心，如今成败在此一举，请太子您勤勉努力。"

太子申生的车手狐突却连连摇头："出征时机是胜利的重要因素，衣服是身份的标识，配饰是心志的旗帜。如果大王看重这次出征，应该在春夏季便下令出征，赏赐的衣服也不应该有杂色，赏赐的配饰更不能有缺口。大王却在年中下令太子您出征，赏赐给您的这件两色衣服以及金玦，更是不吉利。冬天意味着肃杀，杂色意味着凉薄，金意味着寒冷，玦意味着决绝，大王废弃太子之意，已经很决绝了。"

下军统帅罕夷也表示赞同，他说："杂色的奇装异服不合礼乐，青铜环形的配饰有缺口，预示着大王不想太子您平安归来。"

罕夷的车右先丹木的态度很直白，他说："国君赏赐的两色奇装异服，傻子也不会在战场上穿，国君要我们将东山皋落氏杀光再回来，这事儿根本不可能办到。退一步说，即使我们能够杀光敌人，国君身边也会有人进谗言，太子您不如离开晋国。"

下军统帅的车手梁馀子更直白，他劝太子申生说："太子，看情形，您即使战死沙场，也会落个不孝的名声，干脆逃了吧。"

众人议论纷纷，没有对策。狐突准备离开军营放弃远征，正当此时，羊舌大夫将众人拦下来。

当年晋献公血洗公族，唯独留下了羊舌氏一族人，所以羊舌大夫作为晋献公的心腹，他担任军尉之职，目的是监军。

羊舌大夫说："谁都不能离开，太子违背国君之命，是为不孝，抛

弃责任，是为不忠。既然大家已经感受到大王的冷酷，太子又不能不忠不孝，那您还是为此而死吧。"❶

最终，太子申生决定听从父亲的命令，出征皋落氏，以求忠孝两全。

可是这件事十分诡异，其中充满了矛盾与不合理。

晋献公是一个生性凉薄、凶狠残忍的枭雄。他血洗公族，假道伐虢，征讨赤狄，开疆拓土，从不做没有意义的事情，而且他的权力欲非常强盛。

此时太子申生执掌上下两军帅印，又手握曲沃城，更重要的是，他的口碑极佳。在晋献公废太子之意昭然若揭的情况下，士𫇭和里克还愿意向太子劝谏，由此可见一斑。

晋献公不会不清楚，太子申生有弑君篡位的实力。如果太子途中改变主意，攻打绛城，晋国将会大乱。依照常理，晋献公此时应该安抚太子申生，而不应该逼死对方。

实际上，这个阴谋远比人们想象的复杂。《国语》对此有详细的记载。

在书中，骊姬是阴谋的始作俑者，她一直谋划杀害太子申生之事。在晋军远征东山皋落氏前，优施曾经向她献计，骊姬觉得可行，便依计行事。

她在某天半夜哭着对晋献公说："太子申生为人仁义，对百姓宽厚慈爱，实力又强，这些是他别有用心装出来的假象。如今太子说我迷惑大王您，晋国会囚我而陷入祸乱。我一想到这件事，便夜不能寐，很担心他找借口对大王用兵。我不希望您因我一个女人而令晋国内乱，大王，不如您杀了我吧。"

骊姬的话术展现了她工于心计的特点，这番以退为进的话说完，晋献公必然不会杀她。

---

❶ 《左传·闵公二年》："不可。违命不孝，弃事不忠。虽知其寒，恶不可取，子其死之。"

晋献公则反问:"我是他的父亲,难道申生只爱百姓而不爱父亲吗?"

骊姬立刻回答说:"我正为此担心。古人说,施行仁义和效忠国家不同。施行仁义之人,会将爱自己的亲人称作仁,而效忠国家之人,则会将安定社稷称作仁。所以人们才会说,国君无私情。太子申生明显是后者。我看他把百姓当作亲人,将百姓团结在自己的周围,如果多数人站在他那边,人们只会越来越拥戴他。此时,太子还会畏惧弑君之事吗?万一他有不臣之心,做了不利于大王的谋逆之事,他最初的确会背负弑君恶名,但他也会得到忠于晋国的美名,申生篡位后可以用善行来掩饰弑君的恶行。对他来说,这件事大有可为。况且逐利行事是天下之民的本性,纵然申生有弑君恶行,只要他让百姓得到厚利,在利益面前,没有人会反对他。申生用这个手段取悦百姓,百姓只会更拥戴他,所有人都会被他蒙蔽,即使有人拥戴大王,但大势所趋之下,他们也无能为力。"

骊姬这一大段话说得晋献公沉默不语,她趁势又说:"大王恕罪,我暂且以纣王举例。纣王如果有个贤明的儿子,这人先弑杀纣王,他不会张扬纣王的恶行。如此一来,周武王便没有伐纣的借口,而商朝的国祚也不会中断,数百年后,谁能知道纣王究竟是好人还是坏人?大王,您不担心这种情况发生吗?"

骊姬围绕窃国者为诸侯的逻辑,将利害关系陈述得思路清晰,逻辑缜密,令人拍案叫绝。

晋献公不露声色,他再次反问:"你觉得应该怎么办?"

骊姬对晋献公的性格了如指掌,接下来的话,可谓句句诛心。骊姬说:"大王您不如退位让贤,将国政大权交给申生。申生大权在握,他得到了自己想要的东西,自然会放过您。大王再考虑一下,自从您的曾祖曲沃桓叔以来,成师一脉有谁爱过自己的兄弟至亲?正是他们冷血无情,才能以小宗灭大宗，将翼城吞并。"

这番诛心之言，是为晋献公量身定制的。晋献公极具权力欲，他绝对不会将国政大权交给申生，同时，他又生性凉薄，非常认同骊姬的观点。骊姬的这番话，在逻辑上存在漏洞，她以成师一脉的后人生性凉薄推定太子申生一定会造反。从晋献公血洗公族可以看出，有人谋逆是晋献公的逆鳞，晋献公毫无意外地落入了骊姬的逻辑陷阱中，所以他认定太子申生会谋反。

于是晋献公这才表态："寡人绝不会将大权交出，寡人以权力和威势震慑四方诸侯，如今寡人健在，若是连太子都控制不住，周边诸侯将如何看待寡人？你不必担心，我自有分寸。"

骊姬见计谋得逞，趁热打铁道："东山皋落氏时常侵扰晋国边境，当地居民无法安居乐业，如今国库并不充实，还因为戎狄入侵而疲于奔命，您不如派申生去讨伐皋落氏，如此一来，我们既能观察他的统率能力，又可以试探他在百姓中的声望。若是他战败，我们还能趁机加罪于他。万一他讨伐成功，我们更不能对他掉以轻心，必须想办法对付他。退一步说，即使申生讨伐成功，那也是晋国之功，大王可以借此展示实力，诸侯们见晋国强盛，不敢与晋国有边境纷争，我们顺势逐渐降低边境驻防的压力，减少开销，使国库逐渐充盈起来，大王您在得到这些利益的同时，再慢慢想办法对付申生，一举多得。"

晋献公沉思后，认为此计可行，于是同意了骊姬的建议，下令让太子申生率军讨伐东山皋落氏。野史传说中提到，二人为了害死申生，特地请方士作法诅咒太子申生，随后方士在衣服和金玦上都下了诅咒。这便是两色衣服和金玦的由来。

申生的仆人赞听到消息后，心知太子会有危险，因为晋献公的赏赐太邪性了，他向太子劝谏说，奇则生怪，怪则反常。恐怕晋献公是在试探太子的实力和民心，这件左右颜色各异的衣服，象征着不一致，金玦则暗示着冷淡和离心，恐怕太子此战凶多吉少。而且那件衣服，又被方相氏诅咒过，方相氏诅咒太子申生"尽敌而返"❶。即使太子真的将敌人杀尽，他也无法应对宫内的谣言。❷

太子申生早已知道父亲的用意，可惜他并没有反抗，而是接受命令。公元前660年，太子申生率兵攻打东山皋落氏，皋落氏败于稷桑❸。由于晋军奉命对皋落氏斩尽杀绝，皋落氏战败后只能向外迁徙，他们从稷桑逃到壶关❹，又从壶关逃到乐平❺，最终与赤狄其他部落一同衰亡。

最终，太子申生侥幸凯旋晋国，这也是他最后一次率军出征。在此之后，有一场更大的阴谋在等着他。

太子申生归来的同一年，卫懿公好鹤亡国，而前一年，邢国已遭遇灭顶之灾，此后数年，齐、宋出兵帮助邢、卫两国重建，齐桓公与周惠王的关系也日渐疏远。

公元前658年，齐桓公谋求争霸，他在贯地与楚国的邻国江国、黄国结盟。这是晋献公第一次出兵假道伐虢。

---

❶ 杀尽所有敌人，才能回国，否则将回不来。
❷ 骊姬与晋献公的对话，出自《国语·晋语·优施教骊姬谮申生》，该文真实性值得商榷，但文中所提之事，很符合历史走向，笔者出于叙事角度考虑，将此情节写入书中。仆人赞口中的方相氏，是春秋时代民间普遍信仰的神祇，也是驱疫避邪的神。同时，在当时的官制体系里，方相氏是一种官制，是大司马的下属，专职鬼神方术之事。
❸ 今山西省运城市垣曲县一带。
❹ 今山西省长治地区。
❺ 今山西省晋中市昔阳县附近。

05 虎毒食子——太子申生之死

两年后的春天,齐桓公率八国联军讨伐蔡国,同年夏天,在齐楚两国对决召陵会盟之际,晋献公终于对齐桓公在晋国的外孙太子申生动手了。

公元前656年,骊姬向晋献公进谗言说:"大王,我听说申生将要对您不利,他时常夸耀征讨东山皋落氏的战功,如今他的野心越来越大,他准备弑君篡位,如果您不设法对付他,我们恐怕要大祸临头。"

晋献公则耐人寻味地说:"我没有忘记这件事,只是我现在没办法给他加罪名。"❶

他的这句话,将帝王心性展现得淋漓尽致。晋献公虽然宠爱骊姬,但他不是一个昏君,他十分清楚骊姬的盘算,无非想害死太子申生,让她的儿子奚齐取而代之。晋献公一直对此默许纵容,甚至对晋国群臣透露了废太子之意。

晋献公此时的回答,无疑向骊姬表达了一个重要的潜台词——只要能将申生定罪,我便可以对他动手。

骊姬异常精明,她立刻听出了晋献公的画外音。骊姬琢磨着,既然大王表明了态度,她便为大王找一个借口。

随后,她找来优施商议对策。骊姬说:"国君已经默许我杀太子,我打算趁机动手,只是里克这个人比较棘手,我想先稳住他,万无一失后再动手。"

优施是一个小人,小人一定都很聪明,否则难以做小人。优施听完后,心生一计,他请骊姬帮忙准备一场全羊宴,然后由优施出面,宴请里克。此时优施是晋献公宠爱的戏子,一旦他说错了什么话,里克也不方便追究。

---

❶ 《国语·晋语》:"吾不忘也,抑未有以致罪焉。"

骊姬替他准备妥当，优施将全羊宴送到里克府上，席间二人喝酒正酣，优施借着酒劲，意有所指地对里克的夫人说："感谢夫人您请我喝酒，我无以为报，便教里克大人如何悠闲自在地侍奉君主。"

优施说完，唱起歌来："暇豫之吾吾，不如鸟乌。人皆集于苑，已独集于枯。"歌词大意为，这人不聪明，智慧还不如乌鸦，别人都赶往草木丰盛之地，他却独自留在枯枝上。

里克听出了优施歌词里的意思，当即追问说，什么是草木茂盛之地？什么又是枯枝？

优施回答："所谓草木茂盛的地方，是指他的母亲是国君的夫人，而他自己将来会成为国君。所谓枯枝，是指他的母亲已经去世，而他自己又诽谤缠身。"

说到这里，优施意味深长地补充了一句："枯枝是会被折断的。"

当晚，优施走后，里克在床上翻来覆去睡不着。他身为当朝重臣，自然能听出优施的言外之意，优施将奚齐和太子申生二人作比较，奚齐的母亲是晋献公的宠姬，他日奚齐成为国君，这一派实力便是草木茂盛之地，太子申生的母亲齐姜早已去世，宫内对太子申生的诽谤又层出不穷，太子申生犹如枯枝一般，渐渐步入死局。

优施今日登门送上全羊宴，无非想借机告诉里克，良禽择木而栖。

里克思来想去，心里总不踏实。于是半夜时分，他派人将优施叫到府中，询问对方是不是听到了什么风声。

优施没隐瞒，如实相告说："当然，国君已经默许骊姬杀太子，并且立奚齐为太子，他们早已定下计谋。"

里克听罢，左右为难。他说："如果让我按国君之意去杀太子申生，我实在于心不忍,可我也不敢像以前那样与太子交往。你说,如果我保持中立,能够明哲保身吗?"

对骊姬来说,只要里克不支持太子申生,她的目的便达到了,于是优施向里克承诺,只要里克保持中立,夺嫡之事便不会牵连到他。

虽然二人达成了约定,但里克心里还是不踏实。第二日,他又找好友丕郑商议对策。丕郑与里克一样,同为晋国重臣,他二人曾并肩作战,为晋国的开疆拓土立下了汗马功劳。

里克将昨夜发生之事一一转述。丕郑很聪明,当即猜到了骊姬的用意,他知道对方害怕里克拥立太子申生,特地派优施前来试探。

丕郑没有表态,只问了一句话:"你是怎么回答优施的?"

丕郑不在意二人谈话的过程,他委婉地询问了最核心的问题:"如今你里克站在什么立场上?"

里克也明白丕郑想要什么答案,于是他开门见山地说:"我答应对方,在立储之事上,保持中立。"

话音刚落,丕郑大摇其头,隐隐责备里克说:"你不如说不相信优施的话。只要你不表明态度和立场,骊姬一定有所顾虑,他们便不敢肆无忌惮地施展阴谋。如此一来,我们能为太子争取时间,到时候集思广益,再想办法对付骊姬。可你偏偏说保持中立,骊姬恃宠而骄,她必然会尽快施展阴谋,等骊姬准备妥当,我们就无力回天了。"

里克这才恍然大悟,追悔莫及地说:"可是我这话已经说出去了,对方肯定知道了我的打算。昨夜我看优施气焰嚣张,他区区一个戏子,反倒教我如何侍奉国君。这样嚣张的人,单靠口舌之争,很难消灭他的气焰。事到如今,你有什么好对策吗?"

丕郑无奈回答:"我也没有其他办法。食君之禄,忠君之事,国君想如何做,我便如何做。"

里克听到丕郑的话,更加为难。他说:"即便国君废长立幼有错在先,我也不能拥立太子弑君篡位。可是我又不愿违心地加害太子,看来所谓的中立,只是我的一厢情愿。罢了,我准备隐退了。"

从此,里克借口有病在身,便不再上朝参与国事。

骊姬消除了心头大患,便开始加快阴谋的脚步。很快,一条针对太子申生的毒计便浮出水面。

骊姬以晋献公的名义,向太子申生下令:"昨夜国君梦见了你的母亲齐姜,你一定要尽快去祭祀她,随后将祭品送往绛城。"

这件事值得人深思,如果晋献公事先知道骊姬的所作所为,说明他也参与其中,如果他不知道,骊姬便是假传君命,事情败露后,晋献公又没有追问来龙去脉,这说明他对骊姬默许纵容。偏偏史书中没有记载晋献公对此事的反应。由此推断,晋献公逼死太子申生的计划昭然若揭。

太子申生远在曲沃,他收到自绛城的命令后,按要求祭祀了母亲齐姜,随后他将祭祀的酒肉送往国都绛城。偏偏在酒肉抵达绛城时,晋献公外出打猎,不在宫中。骊姬趁机接受了太子申生的祭品,随后她把鸩毒放入酒中,将乌头混在肉里。❶

---

❶ 鸩毒,古代十大毒药之一,传说鸩是一种毒鸟的羽毛,放在酒中可以置人于死地。成语饮鸩止渴,便与鸩毒有关。乌头,同为古代十大毒药之一,乌头本是一种植物,它的根部含有毒性很强的乌头碱,口服 3~5 毫克乌头碱,便可置人于死地。在冷兵器时代,乌头是最广泛的军用毒药,毒性强烈,而且反应迅速。古人常常将乌头毒涂在箭矢上。

05 虎毒食子——太子申生之死

晋献公打猎归来，骊姬便将下好毒药的酒肉献给他。晋献公未卜先知般并没有吃，而是将酒洒在地上，结果地上咕嘟咕嘟冒泡，鼓起一个个小土包，这说明酒中含有剧毒。他又把祭肉喂狗吃，狗便被毒死。最后，晋献公又把祭肉给一个小臣吃，小臣也毒发身亡。❶

晋献公当场大怒，下令将太子申生的老师杜原款捉拿斩杀，太子申生则逃奔回曲沃城。

杜原款的思想迂腐木讷，他在临死前，派人告诉太子申生道，我杜原款身无才华，为人愚笨，没能很好地教导太子您，以至于被国君处死。我本想让你放弃太子之位，逃往他国隐居避难。但我为人谨慎保守，不敢和您一起逃亡，甚至我没能在您遭受谗言时替您辩解，令您深受其害。我并不怕死，即使我死去，也不会改变我对太子您的忠诚。不过，我死后，您需要做到三件事——守情悦父，这是孝道；杀身成志，这是仁义；死不忘君，这是敬意。人死后，一定要流芳千古，便是虽死犹荣。

太子申生收到老师的遗言后，知道自己已在劫难逃，有下人对他说："您为什么不申辩呢？"

太子申生作为当事人，其中的是非曲折他最清楚不过。事情到了这一步，他想要脱罪，只有将事情调查清楚这一条路。可是真相无比冰冷，晋献公也是幕后黑手之一，他不会还太子申生一个清白。太子申生或许不愿意面对真相，此时他自欺欺人地回答说，我若去申辩，骊姬必然有罪。可

---

❶ 《左传》记载说，太子申生献祭品后，"公田，姬置诸宫六日"，也就是说，祭肉放于宫中六日。春秋时代冷藏技术落后，太子申生从准备祭肉，到举行祭祀，再到将祭肉从曲沃送往绛城，放置七天，祭肉早已腐坏。结合晋献公后来的所作所为，笔者对此记载存疑。

是我父亲宠幸骊姬，若没有骊姬，父亲睡不安，吃不香，他不开心，我也不会开心。

对方又问，"那您打算逃亡吗？"

太子申生摇头反问，"我背着弑君的罪名流亡，谁会收留我呢？"

令人意外的是，当太子申生身陷死地之时，骊姬却去找太子申生谈话。骊姬对他说，你做出弑君之举，还会对晋国百姓仁爱吗？百姓不会拥戴弑父之人，你的所作所为不得人心，休想再活下去了。

鲁僖公五年，即公元前656年，夏历冬日十二月二十七，寒风萧萧，太子申生自缢于曲沃新城的宗庙之中，结束了冤屈的一生。❶其大致是采用整数366天为一岁，用减差法和正闰余来调整时差。夏历采用"定朔法"，即以朔日为每月的初一。以周历推算，《左传》中记载的夏历十二月，即次年周历二月。

他临死前，派人将自己的遗言传达给狐突。太子申生说："我不怕死，虽然我死不足惜，但我父亲年迈，更有骊姬作乱，晋国正风雨飘摇，我希望您能出来主持大局，力挽狂澜。如此一来，即使我申生舍去性命，也感谢您的恩德，我死而无憾。"

太子申生自尽的同年，秦穆公派人前往晋国求亲，晋献公顺势同意，并将太子一奶同胞的亲妹妹秦穆夫人嫁至秦国，从此，齐桓公再无后代留于晋国。

太子申生死后，晋献公派使臣前往鲁国，将太子申生弑君篡位失败，

---

❶ 夏历，中国古六历之一，传说是夏代创立的历法，原历法规则已轶失，后人只能从一些古籍上了解皮毛。夏历采用冬至之月为子月作历算一岁开始，历法年则采用以建寅月开始，即寅正（后来叫作夏正）。

自尽身亡之事相告。❶

齐桓公未对太子申生之死表明态度，数月后，齐桓公插足周王室的权力之争，他举行首止会盟，力挺周王室太子郑。乱世将至之时，同年冬天，晋献公第二次假道伐虢，灭虢国，擒虞公，为晋国向中原发展扫除了障碍。

---

❶ 鲁国史官在记录太子申生自尽之事，措辞引人深思，《春秋·僖公五年》记载："春，晋侯杀其世子申生。"《春秋》的记载明确了太子申生并非自尽，而是被晋献公所杀。至此，太子申生之死成谜，众人莫衷一是。

06 赶尽杀绝
——公子重耳背井离乡

晋献公的正室夫人没有子嗣，齐姜早亡。按照规矩，太子申生一死，理应由次子重耳接替太子之位。

可是骊姬处心积虑谋划多年，并不想给他人做嫁衣，于是骊姬怂恿晋献公说，重耳和夷吾也参与了太子下毒之事，他们三人沆瀣一气，对您图谋不轨。

风声传出，公子重耳和公子夷吾二人连夜逃到各自的驻守城池——蒲城和屈地。这二人并非胆小，早在数年前，他们便知道，父亲不会将国君之位传给他们。

当初晋献公命人替太子申生修筑曲沃时，曾经命士蒍替公子重耳和公子夷吾分别在蒲地和屈地修筑城池。士蒍善于揣摩人心，他猜到了晋献公的打算，于是在修城时向里面掺杂了柴草。

公子夷吾发现了士蒍做的手脚，便将这件事上报给晋献公。晋献公派人前去责备士蒍。士蒍看见来人，顿时就蒙了。他说了一段既含蓄又直白的话，他说："臣听闻没有兵患而修筑城墙，国内乱党必然会据城而守，既然乱党会占据城池，我又何必小心谨慎地修筑城墙？我若是将城墙修得坚固，那我便是不忠。再者，三年后便会用兵，我何须小心谨慎地修筑城池？"

蒲地和屈地分别是公子重耳和公子夷吾驻守的地方，士蒍的言外之意，暗指他们日后会据城而守。如今他潦草行事，为的是将来方便晋军攻城。士芮甚至说，三年后会用兵，他身为晋献公的心腹，或许早已得到了风声。

士芮曾经说的这段话，一语成谶。太子申生死后，晋献公还没有对公子重耳和公子夷吾动手，二人便落荒而逃。晋献公心生不满，在他第二次假道伐虢后，晋献公先派勃鞮率人攻打蒲城，他限勃鞮翌日内抵达蒲城，取回公子重耳的性命。

勃鞮快马加鞭，当日抵达蒲城。虽然公子重耳驻守蒲地多年，与地方势力结成了利益集团，但他没打算抵抗。公子重耳对守军说，勃鞮是奉我父亲之命前来，谁都不能抵抗，谁若抵抗，便是我的仇敌。

公子重耳虽然没抵抗，但跑得飞快，他连夜翻墙逃走。勃鞮追杀而至，挥刀砍去，只砍掉了对方宽大的袖口。

公子重耳与手下仓促逃到柏谷❶，他准备用龟甲占卜，看自己是否能逃到齐国或者楚国。

公子重耳的舅舅狐偃说，这件事不用占卜，也可以知道结果。我们距离齐、楚两国道阻且长。而这两国称霸，不是为了仁义，而是为了诸侯们向他们朝贡。如今我们落魄至极，即使赶到那里，也不能指望他们会出兵护送我们回国。我们不如逃到狄国去，这里距离晋国不远，他们又与你父亲多有结怨。你父亲和骊姬是我们的仇人，我们便是他们的朋友。如果我们能和狄国休戚与共，还能坐观晋国局势变化，至少有成事的可能。

公子重耳的耳根子很软，他觉得舅舅说得在理，便带着一行人逃往狄国。这一年，是公元前655年，也是齐桓公在首止会盟上风光无限的一年。

---

❶ 今河南省三门峡市灵宝县西南。

此时，四十一岁的公子重耳，带着狐偃、狐毛、赵衰、先轸、胥臣、贾佗、魏犨、颠颉一众人等，开始了落魄的流亡生涯。当时的人们不会意识到，重耳流亡团的这群人，在二十多年后，改变了春秋历史的走向。

公子重耳流亡的次年，晋献公再次对自己的儿子挥刀相向，这一次倒霉的是三公子夷吾。晋献公派贾华攻打屈地。公子夷吾与哥哥公子重耳类似，他也在屈地经营多年，在当地有不少支持者。可贾华身为七舆大夫之一，实力不容小觑。公子夷吾不敌，与当地屈人盟约后，准备逃到狄国投奔哥哥公子重耳。

晋国大夫郤芮将他拦住，郤芮说："先前骊姬污蔑您和公子重耳参与了太子申生弑君之事，如今您若流亡去狄国投奔重耳，会令国君更加怀疑。退一步说，您去投奔公子重耳，如果有机会一起归来，必然是您的兄长公子重耳继承国君之位。"

公子夷吾听完，定了定心神，他没有盲目行动。

郤芮又说，"我们不如去梁国。梁国邻近秦国，而秦国国君秦穆公是我们国君的女婿，也是您的姐夫。国君年迈，他驾鹤西游后，晋国必会发生变故。我们躲在梁国，届时可以借秦国之力，谋求一番大事。"❶

郤芮的建议，可谓进可攻退可守，很有分寸。公子夷吾这次流亡之旅，关乎身家性命。秦国虽强，但态度不明。此时两国尚有秦晋之好，若公子夷吾流亡到秦国后，晋献公请秦穆公出手俘虏公子夷吾，他恐怕会有性命之忧。

---

❶ 梁国，春秋时期诸侯国之一，国都少梁，即今陕西省渭南市韩城市。战国时期，梁国故地少梁为重要的黄河津渡关隘，秦、魏两国数次争夺少梁。

梁国身为河西之地的小国，夹在秦、晋之间，晋国三公子的威名，或许震慑不住秦穆公，但吓一吓梁国国君还是有可能的，退一步说，即使风声有变，梁国要对公子夷吾不利，夷吾从梁国逃出生天的把握也会大于秦国。

最终公子夷吾选择逃往梁国。

随着太子申生自尽，公子重耳和公子夷吾相继流亡，晋献公和骊姬终于如愿以偿，立公子奚齐为太子。

07 晋国内乱
——又一场权力之争

当年晋献公血洗公族,导致晋国的统治阶层出现了巨大的权力真空。晋献公在位二十六年,其间晋国并国十七,服国三十八,令晋国疆域迅速扩大。随着晋国实力的不断提升,士大夫的势力迅速崛起,填补了统治阶层的权力真空。

晋献公逼死太子申生,又迫使公子重耳和公子夷吾在外流亡,但三位公子长期驻守一方,各自有士大夫们的支持。如今这三方派系群龙无首,晋国的权力结构变得日益复杂。比如,晋献公派去讨伐公子夷吾的贾华,便是太子申生手下的七舆大夫之一,而朝中重臣狐突,是公子重耳的外公。此外,日后影响晋国走向的吕甥,也在晋国境内。至于荀息、里克、丕郑、赵夙、毕万等举足轻重的大夫,也都是士大夫出身。❶

由于晋国这种特殊情况的存在,年迈的晋献公渐渐控制不住国内局势,他担心流亡在外的二位公子会反攻晋国。晋献公在病重之时,找来荀息询问道:"如果我将奚齐托付于你,你会如何作为?"

荀息恭敬地回答说:"我将竭尽全身之力,为大王献上忠诚,倘若我辅佐公子奚齐有功,可告慰大王在天之灵,如果无功,我将以死追随大王。"

---

❶ 此时晋献公的心腹重臣士蒍已经去世。

07 晋国内乱——又一场权力之争

晋献公很满意荀息的态度,随后拜荀息为相国,主持朝政。不久后,晋献公走完了他的一生。

在后人看来,晋献公烝于齐姜、血洗公族、迷恋宠姬,甚至对子嗣痛下杀手,不能称作一位明君。但从历史的尺度衡量,他又为晋国开疆拓土,征讨众多戎狄部落,使他们接受华夏文明的熏陶,三晋大地的戎狄部落们逐渐成为中华民族的一分子,晋献公当得起"雄主"二字。

晋献公去世后,荀息按照先君遗命,拥立公子奚齐为国君,并且奉骊姬为国母。同时,荀息着手军权改革。因梁五和东关五二人辅佐公子奚齐有功,荀息将其封为左右司马,统领晋军。

荀息的军权改革得罪了以里克为首的军方势力。这些年晋国南征北战,晋军将领们实力极强,梁五和东关五是宠臣出身,即使挂帅左右司马,也难以驾驭众多将领。

很快,里克暗中联合太子申生、公子重耳以及公子夷吾留在晋国的拥护者,共同向荀息发难。里克找到荀息说:"三位公子的拥护者准备杀掉公子奚齐,您将如何应对?"

荀息非常强硬地回复:"先君刚去世,他们想作乱杀掉先君的遗孤,我身为托孤之臣,誓死斗争到底。"

里克摇摇头说:"如果以您之死,可以换公子奚齐为君,您也算死得其所。即使您死了,公子奚齐也逃不过被杀的结局,您又何必白白牺牲呢?"

荀息大义凛然道:"先君死前曾询问我,如何辅佐公子奚齐?我回答先君,凭我荀息的忠贞。先君又问,什么是忠贞?我说,凡是对国家有利,而且是我能做到的事情,我尽力去做,这便是忠。能让大王含笑九泉,能让公子奚齐不因我而羞耻,这便是贞。我荀息绝不食言而肥,即使死得毫无意义，我也不会逃避。"

里克见荀息态度如此强硬，便暂且退去，转头找到丕郑，问了同样的问题。丕郑依旧没有表态，他只问了一句话："荀息是怎样回答的？"

里克如实相告说："荀息誓死守护公子奚齐。"

丕郑非常聪明，而且有乱臣贼子的潜质，此时他说了一段耐人寻味的话。丕郑对里克说："我跟着您，你我二人共同谋划，则大事可成。我煽动外敌入侵，扰乱晋国，再请秦国出兵动摇晋国。您在国内率领七舆大夫里应外合。事成之后，我们拥立实力最弱的公子为国君，你和我共掌朝政。至于实力强的公子们，要让他们继续流亡，以免回国争权。"

丕郑的聪明之处在于，他仅仅通过一句话，便洞悉了里克的立场。里克询问荀息，得到了誓死守护公子奚齐的答案。如果里克持有相同的立场，那么他便不会再来询问丕郑。这说明，里克想要废除公子奚齐。

但丕郑却误会了里克的意思。里克在晋国上下二军中的威望很高，他是一个爱惜名声的君子。他听完丕郑的话，摇头说："我因为骊姬等人祸乱晋国，才打算杀掉公子奚齐而拥立流亡在外的公子。此举我们以平乱为旗号，会得到天下诸侯的支持，也会得到晋国百姓的拥戴，从此晋国能够安定下来。如果为了一己私利而杀掉公子奚齐，甚至由你我二人把持朝政，取而代之，那我们便是乱臣贼子，最终会引火自焚。"

丕郑虽然不认同里克，但毕竟里克实力更强，他只能暂时听从里克的命令。

同年十月，里克和丕郑经过谋划，在晋献公的丧礼上，安排杀手将十四岁的幼主公子奚齐刺杀于灵堂之上。

荀息见状，心如死灰，当场便想自尽而亡。他的亲信连忙劝说："幼主虽死，公子卓尚存❶，大人您可以拥立公子卓为君。"

荀息一听有理，他一边安排人加强戒备，一边将葬礼办完。随后，荀息召集文武百官，拥立公子卓成为晋国新君。里克等人仍不甘心，一个月后，他们抓住机会，在朝堂上杀掉了公子卓。

荀息悲愤异常，自觉有愧于先君的嘱托，唯有以死相报。公元前651年冬，荀息用生命履行了当初的诺言。

里克发动政变，接连杀掉两位公子，并清洗了骊姬一众人等。随后，晋国面临着无人可立的窘境。无奈之下，里克只能按照长幼顺序，派人前去狄国请公子重耳归国即位。

公子重耳面对突如其来的诱惑，有些不知所措，他向舅舅狐偃询问，能否可以回去继承君位。

狐偃摇头说："晋国政局不稳，里克连杀两位公子，我们拿捏不准他的打算，您暂时别回去。"

公子重耳静下心来分析局势，他觉得狐偃之言不无道理。与他有血脉的公族们早已被晋献公赶尽杀绝，他能借助的力量，唯有蒲城的地方势力。可是里克与丕郑手握晋国上下二军，万一对方心怀不轨，自己回国即位，也不过是一个被架空的傀儡。既然里克能够杀死公子奚齐和公子卓，也能杀死他。

想到此处，公子重耳听从狐偃的建议，让使者向里克回话："公子重耳才疏学浅，难堪大用，请里克拥立其他公子为君。"

在公子重耳婉言谢绝君位之时，他的弟弟公子夷吾也接到了里克政变

---

❶ 骊姬的妹妹少姬所生子嗣。

的消息。为他通风报信之人,是晋国大夫吕甥。❶

吕甥派人前往梁国拜见公子夷吾,并建议他贿赂秦国,借秦穆公之力,回国即位。

公子夷吾得知后,寻找郤芮商量。郤芮的观点与狐偃截然不同,他认为晋国遭逢大难,正值群龙无首之际,对公子夷吾来说,这是千载难逢的良机,应该倾尽晋国所有,以贿赂国内外各方势力,从而换取国君之位。将来公子夷吾登上国君之位后,再蓄积财富也不迟。❷

晋人国难当头,郤芮首先考虑的不是国家利益,而是权力争斗,他的言谈举止,令人不齿。所谓物以类聚人以群分,公子夷吾也是一个重利轻义之人,他听从了郤芮的意见,答应了吕甥的请求。

吕甥得到夷吾的首肯后,旋即在国内造势,他出面告知晋国群臣说:"晋献公去世,我们身为臣子,不能自作主张拥立新君。但国不可一日无君,否则各路诸侯会图谋攻打晋国。如今之计,我们不能为了私利召回在外的公子回国。毕竟众人立场不同,在新君之事上存在分歧,过于纠结,更容易令晋国动乱,不如我们请求秦国帮助。"

吕甥的这场舆论造势十分高明。他先说不能自作主张拥立新君,将舆论的矛头直指以里克为首的军方势力,暗中指责里克为了一己私利而拥立公子重耳。随后他又主张请秦国出面帮忙,以降低晋国内乱的可能。

---

❶ 《左传》《国语》《史记》对此人名字有不同的记载。《国语》中称呼他为吕甥,因为此人的封地在吕地,即今山西省临汾市霍县附近,同时他又是晋国国君的外甥,所以叫作吕甥。另,外甥之事难以考证。

❷ 《国语·晋语二》:"大夫无常,苟众所置,孰能勿从?子盍尽国以赂外内,无爱虚以求入,既入而后图聚。"韦昭注:"外谓诸侯,内谓大夫。虚国藏以求入也。"

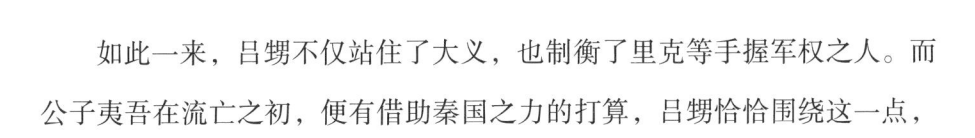

如此一来，吕甥不仅站住了大义，也制衡了里克等手握军权之人。而公子夷吾在流亡之初，便有借助秦国之力的打算，吕甥恰恰围绕这一点，进行造势。

晋国群臣商讨后，认可了吕甥的提议。随后，吕甥派人出使秦国，请秦穆公出手帮忙。

秦穆公面对晋国的请求，召见心腹百里奚和公孙枝商量。百里奚便是历史上著名的五羖大夫，随秦穆夫人一起入秦。公孙枝则是当初向秦穆公举荐百里奚之人。

百里奚提议，应该派人分别考察公子重耳和公子夷吾的为人，再作打算。同时，他向秦穆公举荐公子絷担此重任。

随后，公子絷奉命跑到狄国拜见公子重耳。二人交谈时，公子絷询问道："您流亡在外，恰逢晋国先君去世，我奉命前来慰问。不过，晋国的国丧总要有个期限，您对继承国君一事，有何打算呢？"

公子重耳明白对方的意图，退下后与舅舅狐偃商议对策。狐偃依旧态度坚决，不让公子重耳回国即位。

如此，公子重耳向公子絷回话说："承蒙秦国国君和您的挂念，但我流亡在外，甚至没有参加父亲的葬礼，不敢奢望国君之位。"

说完，公子重耳仅仅拜谢，而没有跪下叩首，然后痛哭流涕地离开。二人分别后，公子重耳没有再找公子絷私下商议。

公子絷离开狄国，转向梁国拜见公子夷吾，问了对方同样一番话。

公子夷吾马不停蹄地赶去找郤芮商议。郤芮则说："形势比人强，现在谁都有做国君的机会，是时候重金贿赂秦国，借势回国即位了。"

公子夷吾再见公子絷时，不仅拜谢，更跪下叩首，他起身后没有哭，只是告诉对方,他愿意回国继承国君之位。

二人拜别后,公子夷吾还私下找到公子絷,对他说:"里克愿意拥立我为国君,我便承诺事成之后,封赏他田地百万亩,丕郑也愿意助我一臂之力,我承诺封赏他田地七十万亩。若秦国国君也愿意出力,我便将黄河以南的五座城池赠送给贵国。另外,我流亡在外,没有贵重物品随身,只好呈上黄金四十镒,白玉六对,您送给手下们吧。"❶

公子絷完成使命后,归国向秦穆公复命。秦穆公听完二人的谈话始末,认为公子重耳德行兼备,答谢时仅仅拜谢而不叩首,并且不贪恋权势,又因晋献公去世而痛哭流涕,是一位有情有义的君子。因此,秦穆公想扶持公子重耳为君。

公子絷却是另一番打算,他劝谏秦穆公说:"大王您立一个仁义之君,可以成名于天下,不过您只能得到面子,不能得到里子。您不如立一个不仁义的国君,以此扰乱晋国,我秦国还可进退自如。"❷

秦穆公顿觉有理,他改主意决定扶持公子夷吾为晋国国君。在公子夷吾回国前后,齐桓公也派使臣率兵相帮,秦、齐两军合兵一处,共同护送公子夷吾。有秦、齐两国出面,晋国内的各方势力也顺势接受了公子夷吾。

在途中,秦穆公曾向晋国大夫郤芮询问过一个问题,公子夷吾在晋国依靠谁?

郤芮对这个问题产生了猜忌之心,他是这样回答的:"公子夷吾是逃

---

❶ 镒,古代的重量单位,约等于二十四两,四十镒接近黄金千两。
❷ 《国语·晋语》:"君若求置晋君而载之,置仁不亦可乎?君若求置晋君以成名于天下,则不如置不仁以猾其中,且可以进退。"

亡在外之人，他没有党羽。如果他有党羽，则说明他在国内也有仇敌。公子夷吾从小不喜欢作弄人，虽然有时候也会与人争执，但从不过分。他长大后也是如此，其他的微臣便不知道了。"

郤芮这番话很官方，核心之意是，公子夷吾是一个不结党也不结仇的好人。

秦穆公听到了郤芮的回答，公孙枝也听到了。秦穆公私下问公孙枝，公子夷吾能安定晋国吗？

公孙枝连连摇头，说："郤芮对秦国有疑心，他又是公子夷吾的心腹，人以群分，而且从公子夷吾以往的言谈举止推断，这人既猜忌又好胜，他很难安定晋国。"

秦穆公欣然点头说："只要公子夷吾刻薄而又怨毒，便对秦国有利。"

公元前650年，公子夷吾在多方势力的帮助下，终于归国继承国君之位，史称晋惠公。他刚一即位，便用行动诠释了"忘恩负义"这个成语。

08 忘恩负义
——晋惠公的小人行径

秦穆公护送晋惠公归国时，曾经评价晋惠公刻薄而怨毒。晋惠公并没有让秦穆公失望，他回国后，便翻脸无情，诛杀有功之臣。

那年四月，周王室派周公忌父、王子党前往晋国，同时齐桓公也派隰朋❶一同前往。

晋惠公趁各方势力齐聚国都绛城时，迫不及待地要动手杀死里克，他当众宣布里克的弑君罪行，然而在私下里，他却派人对里克这样说："您杀了晋国两位国君以及一位大夫，如今我成为国君，若我不追究此事，岂不是与您一同弑君篡位了吗？"

晋惠公醉翁之意不在酒，他不过是寻找借口铲除异己。里克和丕郑二人连杀两位公子，以晋惠公刻薄而怨毒的性格，绝不会容忍这二人继续执掌兵权，如今秦、齐、周王室等各方势力尚在，是晋惠公动手的好时机。

里克听完使臣的话，心如死灰，他反驳说："如果没有杀死公子奚齐和公子卓，你如何能坐上国君之位？欲加之罪，何患无辞。臣闻命矣。"❷

里克知道，晋惠公要他死，于是他说了与郑国大夫原繁同样的话

---

❶ 隰朋，传说为桓管五杰之一，史料记载较少，提及他的史料多围绕平王室内乱和平定晋乱，因此被称为齐桓公时代的外交人才。

❷ 《左传·僖公十年》："不有废也，君何以兴？欲加之罪，其无辞乎？臣闻命矣。"成语"欲加之罪，何患无辞"便出于这段记载。

08 忘恩负义——晋惠公的小人行径

——"臣闻命矣"。随后里克拔剑自刎。

里克的自尽，再一次彰显了春秋时期士大夫们的情怀，在当时的人们眼中，生死事小，失节事大。里克已经连杀两位公子，面对晋惠公的赐死，他如果反抗，必然会招致乱臣贼子的恶名，即使里克反抗成功，等待他的也是其他诸侯的讨伐，届时晋国必然再次陷入祸乱。里克对此心知肚明，因此他才甘愿自刎而亡。

晋惠公逼死里克的同时也没有放过丕郑。晋惠公流亡时，曾经向秦国许诺，割让河西五城，可在他如愿以偿后，立即派丕郑前往秦国毁约。

在丕郑出使前，晋惠公让他转告秦惠公——尽管我承诺将河西五城割让给秦国，但这些是晋国先君的土地，我身为流亡之人，没有权力随意处置。我归国即位后，曾与晋国群臣据理力争，可惜没有得到群臣的同意，因此这五座城池，我无法割让给秦国。

丕郑听完晋惠公的话，瞬间明白过来，晋惠公对他用了借刀杀人之计。若丕郑如实转达晋惠公的原话，秦国这把刀便会落在他的头上。

丕郑是个聪明人，也是个利己者，他看穿了国君的把戏。丕郑一时间想不出好对策，他只能一边在秦国拖延，一边想自己的生路。

思来想去后，丕郑决定出卖晋国，以保全自己。他拜见秦穆公说："大王，晋惠公背信弃义，背弃河西五城之约，微臣建议您用厚礼，将吕甥、郤芮等晋国重臣骗到秦国来，随后出兵帮助公子重耳回国即位，而我丕郑以及我的盟友，会在晋国策应大王，到时候晋惠公一定君位不保，只能仓皇出逃。"

秦穆公正恼火晋惠公的举动，此时他若贸然杀死丕郑，刚好会落入对方的圈套。丕郑的提议对秦国有利无害，于是秦穆公同意了丕郑的请求。

不久后，丕郑与秦国使臣一同归国，使臣以厚礼邀请晋惠公的心腹重臣前往秦国出使。郤芮老谋深算，察觉到其中必然有诈。

按理来说，丕郑此行一定会得罪秦穆公，即便秦穆公没有杀他，也不会命使臣带厚礼前来相邀。郤芮猜到了其中的隐情，于是向晋惠公提议说，丕郑肯定在秦国国君面前说了我们的是非，所以秦人才会用厚礼来诱骗我们。丕郑心怀叵测，我们应该先下手为强，以免对方突然发难。

丕郑原以为自己的谋划天衣无缝，可在他回到晋国后，得知了里克被晋惠公逼死的事情。丕郑顿时惊出一身冷汗，他不敢直接前往宫内向晋惠公复命，而是留了一个心眼，先找到晋国大夫共华，打探这些日子里晋国境内的风声。

共华身为七舆大夫之首，原本是太子申生的心腹。有这层关系在，丕郑才会找他询问。

丕郑问共华："里克大人被国君逼死，此时我前去找国君复命，是否会有性命之忧？"

共华这样回答丕郑："我们众人没有受到里克大人的牵连。此外，你从秦国出使归来，理应入宫回复君命。"

丕郑再一次问道："您确定吗？"

共华点头，"确定，一定以及肯定。"

丕郑这才安抚下不安的心神，他入宫向国君复命。晋惠公见丕郑前来，非常高兴，手起刀落将丕郑杀死。此前时机不成熟，七舆大夫才会无性命之忧。如今里克、丕郑相继殒命，晋惠公没有后顾之忧，他的屠刀不停，将左行共华、右行贾华、叔坚、骓颛、累虎、特宫、山祁七人全部杀

08 忘恩负义——晋惠公的小人行径

死,七舆大夫尽数遇害。❶

在这次冷血的大清洗中,丕郑之子丕豹逃亡到秦国求援。他为了借秦国之力报杀父之仇,对秦穆公说:"晋献公背信弃义,已经失去民心,如果秦军此时出征,必将得民心而驱逐晋献公。"

秦穆公听闻晋惠公屠戮群臣,他心知计谋已然生效。秦穆公自然不愿征讨晋国,他否决丕豹的提议说:"如果晋献公真的失去民心,他又如何对晋国清洗?如今晋国群臣人人自危,逃亡避祸,秦军此时出兵,谁又能在晋国策应呢?此时并非出兵良机。"

秦穆公按兵不动,任由晋国乱象持续。按说晋惠公的所作所为,势必会导致晋国内部动荡,偏偏在他即位后的第二年,天下发生了一件大事,晋惠公借此出兵中原,逐渐稳定了晋国的形势。

公元前649年,在那场著名的周王室叛乱中,周惠王之子王子带勾结戎狄部落起兵进攻成周雒邑。晋献公抓住机会,率晋军勤王救驾。

这场勤王救驾耗时长达两年,晋惠公凭借此事,获得了巨大的声望和政治资源,扭转了此前的负面形象。

纵观春秋历史,周王室一共发生过五次王子叛乱事件,但从未有诸侯

---

❶ 七舆大夫,是指主管诸侯副车的七大夫。春秋时,侯伯出行有副车七乘,每车有一大夫主管,故称。《左传·僖公十年》:"郤芮曰:'币重而言甘,诱我也。'遂杀丕郑、祁举及七舆大夫:左行共华、右行贾华、叔坚、骓颛、累虎、特宫、山祁。"孔颖达疏:"《周礼·大行人》云:'侯伯七命,贰车七乘。'贰即副也。每车一大夫主之,谓之七舆大夫。"一说指主管兵车的舆帅七人。孔颖达疏引服虔云:"上军之舆帅七人,属申生者。"当时曾有人劝大夫共华逃跑,共华对丕郑之死很内疚,认为丕郑是因为相信他才会被晋惠公杀死的,因此共华不愿流亡,最终也死于这场大清洗中。

国在勤王救驾时发生后院起火的惨事。尽管从平王东迁后,时代出现了礼崩乐坏的征兆,可孱弱的周王室,依然是名义上的天下共主,天命在身。

晋惠公勤王救驾,是大义所趋。他利用平乱的两年时间,渐渐坐稳了晋国国君之位。公元前647年,王子带战败,仓皇逃往齐国避难,齐桓公向他伸出援手并提供庇护。第一次王子带之乱暂且告一段落。

巧合的是,这一年夏天,晋国大旱,粮食歉收。当年冬季,晋国存粮告罄,晋惠公厚着脸皮,派人跑到秦国求购粮食。❶

丕豹与晋惠公有杀父之仇,他得知晋国灾情后,立刻跑去向秦穆公提议说,晋惠公曾背信弃义,又枉杀功臣,如今晋国发生天灾,是对他的报应。秦国不应该向他们贩卖粮食,反而应该出兵讨伐。

秦穆公并不同意丕豹的看法,他回答说:"寡人虽然讨厌晋国国君,但百姓是无辜的。各诸侯国都会发生天灾,赈灾是天道,我不能枉顾天道,袖手旁观。"

随后秦穆公又向公孙枝询问,对方赞成他的观点。公孙枝说:"秦国必救晋国。如果晋国百姓原本不满晋国国君背信弃义❷,如今秦国袖手旁观,晋国国君会将责任推到秦国身上。我们不如给他们粮食,以取悦晋国百姓,他们对秦国有好感,必然会将之前的过错归咎于晋国国君头上。如果晋国国君不肯听从我们的命令,秦军可以出兵讨伐他。他即使想集结部队抵抗,恐怕也无人会听。❸"

---

❶ 《左传·僖公十三年》:"冬,晋荐饥,使乞籴于秦。"
❷ 公孙枝提出的是一个假设,意指秦穆公扶立晋惠公即位,晋惠公割让河西五城之约,晋惠公背信弃义,晋国百姓因此不满的假设。
❸ 《国语·晋语》:"不若予之,以说其众。众说,必咎于其君。其君不听,然后诛焉。虽欲御我,谁与?"

08 忘恩负义——晋惠公的小人行径

秦穆公欣然采纳，秦国很快组织人马向晋国运送粮食，当时从秦都雍城运往晋都绛城的车船络绎不绝，历史上称之为"泛舟之役"。

历史中充满了巧合，次年，即公元前646年，秦国也发生了天灾，引起饥荒。秦穆公自信满满地遣使者前往晋国求购粮食。

晋惠公铿锵有力地回答说："不行。"

晋惠公的座右铭，大抵只有"忘恩负义"四个字，他的所作所为引起了民愤。晋国大夫庆郑力谏晋惠公要以德报德，但遭到了晋惠公的无视。

秦国使者回国复命，秦穆公得知消息后无比震惊，在他的漫漫人生路上，第一次见到如此厚颜无耻之人。奈何秦国正遭受饥荒，秦穆公想报仇，却有心无力。

又过了一年，即公元前645年，在齐、楚两国一战江淮之时，缓过气的秦穆公迫不及待地挥师东进，讨伐晋惠公。

《左传·僖公十五年》在记录这一战前，将晋惠公的恶行一一罗列，共计五件事情。这种情况在《左传》中并不多见，由此可见，左丘明对晋惠公的厌恶。

当年晋惠公即将回国即位时，他的姐姐秦穆夫人曾经将太子申生的妃子贾君托付给他，请他带回晋国。同时，秦穆夫人叮嘱晋惠公，晋国内乱平定后，要让晋献公的公子们都回国。晋惠公即位后，不仅继续驱逐在外流亡的公子，更是与他的嫂嫂贾君私通。秦穆夫人得知后，对晋惠公心生厌恶。这两件事，是晋惠公的恶行之一二。

晋惠公流亡时，曾经许诺里克、丕郑等人封赏。他即位后，不仅背信弃义，更大肆屠杀有功之臣。这是晋惠公的恶行之三。

晋惠公为谋求秦国帮助，曾承诺割让河西五城，后来晋惠公又背信弃义。这是晋惠公的恶行之四。

晋国遭受天灾时，秦国曾出手援助，而秦国遭受天灾时，晋惠公却拒绝向秦国贩卖粮食。这是晋惠公的恶行之五。

因为晋惠公不得人心，秦、晋两国对他大为不满。晋惠公面对同仇敌忾的秦军，三战三败。晋军败退至韩原时，晋惠公想起一年前出言劝谏的大夫庆郑，于是他召见对方询问对策。

庆郑耿直地回答说："你让秦军深入国境，我才疏学浅，无能为力。"

晋惠公闻言大怒，忍不住呵斥对方："放肆！"❶

晋军驻扎在韩原备战时，曾有人占卜车右的人选，卦象预示，庆郑是最合适之人。晋惠公得知结果，正一脑门子火，于是坚决弃用庆郑，另选他人。

战前，庆郑又一次劝谏说："晋军在境内作战，应采用晋国的战马，因为这些马匹熟悉晋国的水土。大王现在用郑国的战马驾车，一旦战马水土不服，将后患无穷。"

晋惠公寡恩刻薄，他对庆郑十分忌恨，又一次无视了对方的建议。

公元前645年九月，秦、晋两军对峙韩原，一场大战一触即发，史称韩原之战。

由于韩原是晋国韩氏家族的封地，晋献公便派韩氏族长韩简前去刺探军情。韩简归来复命说，秦军兵力虽少，但士气比晋军高了不止一倍。

晋惠公明知故问道："这是为什么呢？"

---

❶ 《左传·僖公十五年》："三败及韩。晋侯谓庆郑曰：'寇深矣，若之何？'对曰：'君实深之，可若何？'公曰：'不孙'。"孙同逊，不逊即放肆之意。

08 忘恩负义——晋惠公的小人行径

韩简只能如实回答:"大王,您流亡时受到秦国的恩惠,即位时也受到秦国的恩惠,晋国天灾时,您又受到秦国的恩惠。这三次恩惠您都没有报答,秦军才会来征讨晋国。您不仅没有思过,反而率兵迎击,自然是我军懈怠,秦军士气旺盛。"

晋惠公刚愎自用,听完韩简之言,怒声道:"一介匹夫尚且不能受辱,更何况我堂堂晋国?"❶

随后晋惠公派韩简前往秦军阵中下战书,晋惠公的战书气焰十分嚣张,他说:"寡人不才,既然已经集结晋军,便不可能将他们解散。秦军如果不撤兵,休怪刀戟无情。"

秦穆公派公孙枝应战,公孙枝对韩简重申了秦国的数次恩惠,而后接受了晋军的战书。

韩简心如死灰,他归来后对手下说:"此战我只要不战死,能做秦军俘虏,就是不幸中的万幸。"

九月十四日,秦、晋两军于韩原开战。庆郑在战前一语成谶,晋惠公因采用郑国的战马,马蹄陷入泥泞中拔不出来,他在慌乱中向庆郑大声疾呼求救。

庆郑则回答:"你有今天,都是咎由自取,想逃也来不及了。"话虽如此,庆郑也并非无动于衷,当时韩简的战车正与秦穆公的战车对阵,他本有机会俘虏秦穆公,可此时庆郑呼喊韩简等人援救晋惠公,结果贻误战机,没能俘获秦穆公。相反,秦军却趁机俘虏了晋惠公。最终晋军大败,众人尽数被俘。

---

❶ 《左传·僖公十五年》。公曰:"……夫不可狃,况国乎?"

秦穆公本想将晋惠公带回国都斩杀，事情却出现了变故。秦穆夫人得知消息后，生出恻隐之心，毕竟血浓于水，她萌生了救下晋惠公的念头。可秦穆夫人一介女子，人微言轻，唯一能够倚仗的，便是她为秦穆公生下的太子罃、公子弘和公子璧三位子女。❶

于是秦穆夫人领着三个孩子，登上堆满干草的高台。同时，秦穆夫人派人身穿丧服向秦穆公传信说："我弟弟若早晨入秦都，我晚上便自尽而死，他若半夜入秦都，我早晨起来便自尽。"

秦穆公对此很无奈，他只能先将晋惠公安置在国都郊外的灵台。秦国群臣也对如何处置晋惠公产生了分歧。

公子絷认为晋惠公品行不端，若纵虎归山，后患无穷，不如将他杀了。

公孙枝则认为，晋国实力强横，一时半会儿不会亡国，如果贸然杀死晋惠公，会招致晋国的反抗。不如让晋惠公的太子姬圉前来秦国做人质，再放晋惠公回国。❷

秦穆公思量再三，他也觉得晋惠公不能杀。于是秦穆公打算和谈，他派人通知晋惠公。此时晋惠公已是阶下囚，他得知自己死里逃生，顿时欣喜若狂。晋惠公安排大夫郤乞回绛城找吕甥，前往秦国谈判。

吕甥是一个绝顶聪明之人，他清楚秦国作为战胜国，现在释放出和谈信号，这件事远未结束。秦晋双方在谈判桌上还将有一番恶战。如今晋国惨败，国君被俘，晋惠公的声望一落千丈。他日两国谈判交锋，晋国势必处于劣势。吕甥所考虑之事，是如何用最小的代价换取秦晋和谈。

---

❶ 公子璧为女子，又名简璧。
❷ 晋惠公流亡在梁国时，与梁国国君之女生了一对龙凤胎，男婴名为圉，女婴名为妾。据史书记载，这一儿一女是晋惠公仅有的子嗣。

08 忘恩负义——晋惠公的小人行径

吕甥心中有了定数,他让郤乞在会见晋国群臣时,先以国君之名赏赐众人,同时郤乞需要这样说,国君命我给诸位带话,他即将回国,但他是败军之将,无颜面对晋国父老,请诸位占卜吉凶,看太子圉是否适合国君之位。

在内忧外患的局面下,吕甥用这招以退为进,安抚了晋国内部对晋惠公的不满。郤乞依计行事,群臣果然被感动得痛哭流涕。

吕甥借晋惠公之名,将大量田地封赏给众人,国君手中的公田数量锐减,因此晋国有了改变田制的需求,随后,晋国大量开垦私田,为晋国的称霸奠定了经济基础。

吕甥借郤乞之手安抚众人后趁机问群臣:"国君被俘之时,仍不忘晋国群臣,他真是仁义之君,我们身为臣子,应该如何报答国君呢?"

众人面面相觑,不知如何回答。

吕甥这才抛出心中的谋划,他回答说:"我们应该征收赋税,修整军备,忠心辅佐太子圉,届时诸侯们虽然知道国君被俘,但我们拥立新君,君臣和睦,军力不降反增,对晋国心怀叵测之人,不敢趁虚而入。"

众人纷纷点头,晋国从此开始采用州兵制。所谓州兵,是指地方武装,这一举动对后世产生了极为深远的影响。晋国公族血脉凋零,国内又大量开垦私田,再加上地方武装崛起,卿大夫阶层迟早会出现寡头政治般的人物,而三家分晋的结局,似乎是晋国注定的命运。

吕甥预料不到数百年后历史的变迁,在当时,他只想以最小的代价,达成秦晋和谈。他准备好后便亲自前往雍城,面见秦穆公。

秦穆公以战胜者的姿态,先给了吕甥一个下马威,秦穆公问他:"晋国想好如何谈判了吗?"

吕甥当年在国内为晋惠公造势时很有章法，此刻他有备而来，更是毫不慌乱。面对秦穆公的下马威，吕甥故作为难地回答说："此事一言难尽，如今晋国分为两派，一派认为国君被俘是国耻，打算拥立太子圉为国君，并且加紧备战，誓要找秦军报仇雪恨，另一派不同意拥立太子圉，他们也加紧备战，打算出兵营救国君。双方争执不休，所以我才姗姗来迟，请大王见谅。"

吕甥用话术告诉秦穆公，如果秦国不归还晋惠公，晋军必将血战到底。

秦穆公听完，不想把晋人逼迫得太紧，他沉思片刻这样说："即使你不前来，寡人也打算归还你们的国君。那你们晋人对他的命运又是如何推测的呢？"

秦穆公展现了诚意，亲口告诉对方他将归还晋献公。吕甥则绵里藏针地回答："小人只知怨恨不思大义，所以他们才想拥立新君，找秦国报仇雪恨。可晋国的君子却反对，他们感念大王您当年扶立国君之恩，如今您在战场上将国君俘获，必然会在他服罪后，将他释放回国。经此一役，秦国威名远播，大王您必能称霸中原。但您若逞一时之快，将我们国君杀死，您曾经对晋国的恩惠，便如江水付诸东流，从此秦、晋两国间将有解不开的深仇大恨，大王您不希望如此吧？"

秦穆公深深地看着吕甥，仅仅回了一句，确实如此。

吕甥的话术，正中秦穆公的下怀。从利益的角度衡量，秦穆公不希望晋国团结而又强大，所以当初他扶立晋惠公时，希望对方使晋国的局势变得混乱。而晋惠公也的确不是明君，他背信弃义、屠杀功臣，又在韩原之战中沦为俘虏，晋国推选这样一个薄情寡义之人做国君，对秦国有益无害。

最终秦晋两国和谈，晋国割让河西五城以及韩原，并派太子圉前往雍城为质子，秦国则释放晋惠公以及韩原之战中的俘虏归晋。

08 忘恩负义——晋惠公的小人行径

在秦穆公时代，秦国第一次掌握了河东之地，从此秦国有了东进中原、争霸天下的资本。后世历代秦君怀念秦穆公时代，大抵是因为河东之地在手。❶

晋惠公被释放回国的消息传来，立刻有人找到庆郑询问："你为什么还不逃走？"

庆郑说："我令国君战败，又没能战死沙场，如果我现在逃走，那便是臣而不臣❷，天下之大，我又能逃到哪里去？"

"刻薄寡恩"四个字放在晋惠公身上，是一个名词，而不是形容词。晋惠公还没有回归绛城，便先将庆郑杀死，一泄心头之恨。❸

韩原之战后，晋国的政局波诡云谲，暗流涌动，公子重耳的拥护者，蠢蠢欲动，他们想要迎回公子重耳。晋惠公归国后，为了继续坐稳国君之位，派勃鞮三日内刺杀公子重耳。

此时公子重耳正与狄国国君在渭水之滨打猎，勃鞮次日抵达，执行刺杀行动。韩原之战的余波未消，狄国又与晋国相邻，这里已经不再适合公子重耳避难。

此时是公元前645年的冬天，齐桓公与楚成王战江淮，为齐楚争霸献上了压轴大戏，秦穆公刚刚获得河东之地，他对中原充满幻想，而晋国公子重耳却决定离开狄国，再次踏上流亡之路。

冥冥中，齐、楚、秦、晋四国的命运，在这一年纠缠成一滴墨汁，入水后袅袅散开，氤氲了整个时代。

---

❶ 《左传·僖公十六年》："于是秦始征晋河东，置官司焉。"
❷ 身为臣子，却没有尽到臣子之责。
❸ 《左传·僖公十六年》："十一月，晋侯归，丁丑，杀庆郑而后入。"

09 重耳流亡
——十九年的漂泊天涯路

在公子重耳四十二岁之前,他比同时代的人生活得更无忧无虑,他是晋国的二公子,在上有父亲晋献公,在前有兄长太子申生,公子重耳从未萌生过争权夺位的野心,所以他的日子过得还算逍遥。

直到太子申生在父亲的逼迫下自尽,他的人生才急转直下,一年后父亲更是将屠刀挥向了他。公子重耳感到莫名的委屈,他的双手颤抖,泪在心里流。为了自保,他选择逃离晋国,前去狄国流亡。

晋国重臣里克曾请他回国继承国君之位,姐夫秦穆公也派人询问他是否愿意归国即位,公子重耳全都敬谢不敏,他将众人的建议一一推辞,选择做一个流亡的公子。对公子重耳来说,远离权力中心的日子,总归是惬意逍遥的。

后来狄国出兵攻打一个叫作廧咎如的小部落后,俘虏了两名绝色美女,姐姐名为叔隗,妹妹名为季隗。当时狄国流行一句谚语,"前叔隗,后季隗,如珠比玉生光辉"。这句谚语是用来形容这对姐妹花的美貌的。

更令公子重耳舒心的是,狄国国君将这对姐妹花赏赐给了他。所谓温柔乡、英雄冢,流亡生涯有了美女相伴,其乐无穷。于是公子重耳迎娶了妹妹季隗,又将叔隗送给心腹赵衰。

公子重耳在温柔乡里快活了十二年,然后弟弟晋惠公派来的杀手便抵达渭水河畔准备行刺他。公子重耳很无辜,他已经放弃了国君之争,可依然被卷入了权力的旋涡。

09 重耳流亡——十九年的漂泊天涯路

舅舅狐偃对公子重耳说,匹夫无罪,怀璧其罪。您身有晋献公的血脉,便是原罪。当年我们逃往狄国流亡,不是为了在这里红尘做伴,活得潇潇洒洒,策马奔腾,共享人世繁华。当年我们力不从心,才会将狄国作为跳板。您一来就是十二年,两只脚都粘在了跳板上。大家苟且多年,做大做强的雄心壮志早已消磨殆尽。如今您弟弟公子夷吾想杀您,也是一件好事,可以让我们重拾初心,再创辉煌。多年前,齐楚争霸方兴未艾,我们前往齐国必会受到冷落。今时不同往日,管仲、隰朋等人已经去世,齐桓公周围都是阿谀奉承的小人,我们可以利用这一点,为自己谋利。

公子重耳听着有理,便决定离开狄国,继续向东流亡。

从遗传学上分析,晋国成师一脉的血脉,多少有些生性凉薄,例如曲沃代翼的血雨腥风,又如晋献公的血洗亲族,逼杀太子。再如眼下,晋惠公派人行刺公子重耳。

公子重耳或多或少带有这种性格特征。他在流亡前,对夫人季隗说:"你等我二十五年,如果我回不来,你就改嫁吧。"

公子重耳说这番话的时候,已经五十五岁,再过二十五年,他将是八十岁高龄的老人,彼时他是否健在,尚且未知。公子重耳提出的二十五年之约,大抵等于"我死后你再改嫁吧"。

季隗回答说:"如今我已经二十五岁了,再过二十五年,我该进棺材了,我不改嫁,等着你。"[1]

公子重耳十分感动,然后带着流亡团的众人,头也不回地跑了。

---

[1] 《左传·僖公二十三年》:"我二十五年矣,又如是而嫁,则就木焉。请待子。"成语"行将就木"便源于此处。

众人踌躇满志地向齐国进发，据说途中重耳流亡团的财物被强盗洗劫一空，当他们走到五鹿时❶，穷困潦倒的众人早已饿得前胸贴后背。

此时恰巧一个农夫路过，于是流亡团的众人走上前，请求对方分享一些能够使人体获得能量的物质，也就是他们向农夫乞讨食物。

农夫没瞧得起众人，随手扔给公子重耳一个土块。

公子重耳大怒，这个山野村夫竟然让晋国公子吃土，于是他挥起鞭子，准备鞭打农夫。狐偃将他拦住说："您别打他，土块源于土地，这是上天赏赐土地给您的征兆。"

随后狐偃继续说："今年岁星落在寿星和鹑尾之间，当岁星再次落在寿星之上时，您一定会得到这块土地。戊的五行属土，申有神明之意，因此您会在那一年的戊申日取得五鹿之地。"

狐偃口中的岁星，即太阳系八大行星之一的木星，而寿星和鹑尾是古代天文学的概念。因为木星的公转周期为十二年，因此狐偃预言之事，发生在十二年后。

公子重耳勉强听信狐偃之言，他对农夫稽首行礼，郑重接过土块，放在车中。

不久后，饥寒交迫的流亡团众人，终于跌跌撞撞抵达了齐国。齐桓公热情洋溢地接待了公子重耳，并赏赐他二十辆顶级马车，甚至将齐国公族女子姜氏嫁给重耳。彼时的齐国都城临淄，是一派歌舞升平的繁华景象，而闻名天下的齐国女闾❷，更是莺歌燕舞的温柔乡。

---

❶ 今河北省邯郸市大名县附近。
❷ 女闾，春秋时齐国的官办青楼，由管仲创立。

09 重耳流亡——十九年的漂泊天涯路

公子重耳年近六十,他将自己对季隗的承诺抛到脑后,在齐国开始了另一段逍遥快活的游戏人生。公子重耳对当时的生活心满意足,他打算终老齐国。公子重耳甚至说,人生在世,图个安乐,谁还会去想其他的糟心事?❶

流亡团的其他成员追随公子重耳,并非只想吃喝玩乐,众人原本想借齐国之力成就一番事业。正当众人琢磨如何劝说公子重耳时,意外发生了——齐桓公病重,不久于人世,齐国公子们围绕国君之位展开了激烈的争夺。

此时距离重耳流亡团抵达齐国仅一年的时间,巨变让众人看不清局势走向,他们只能按兵不动。谁也没有料到,不久后中原风起云涌,当年齐桓公九合诸侯一匡天下的盛势,随着他的撒手人寰,成为镜中花、水中月,原本安稳的中原局势,再起狂澜。而齐国,无疑是这个风暴的中心。

此后数年,宋襄公自诩继承齐桓公霸业,他出兵平定齐国内乱,之后又屡屡会盟诸侯。而远在南方的楚成王则卷土重来,他率领楚国再次北上争霸中原。宋、楚两国开始明争暗斗。

狐偃、先轸、胥臣、赵衰等人真切地感受到时代的变化,他们一直思索着,如何从这乱世之中找到一条出路。重耳流亡团的众人意识到,齐国的衰落无可避免,他们齐聚桑林之中,商议未来出路。

恰巧此时,有一名女奴正在树上采摘桑叶,她将众人的谋划听得一清二楚。当晚,女奴便将这件事告诉了公子重耳在齐国的妻子姜氏。

姜氏问采桑女:"事关重大,此事没有泄露给他人吧?"

---

❶ 《国语·晋语》:"齐侯妻之,甚善焉。有马二十乘,将死于齐而已矣。曰:'民生安乐,谁知其他?'"

对方连连点头:"我谁也没说。"

姜氏松了一口气说:"那我就放心了。"说完,她手起刀落,便将采桑女灭口。随后,姜氏找到公子重耳说:"夫君,此一时彼一时,齐国将会无可避免地衰落,狐偃等人正谋划和您一同离开齐国,您不要怕,听到消息的女奴已经被我灭口。但是您一定要听从狐偃他们的安排,千万不能优柔寡断。"

公子重耳听完有些头大,此时他已经年近六十,只想在齐国安度晚年。

姜氏又说:"自从您流亡以来,晋国没有一年太平过,晋人也没有一个安稳的国君,如今能拯救晋国之人,舍你其谁?"

公子重耳连连摇头回答:"你不用说了,我是不会离开齐国的,死也要死在这里。"

姜氏仍不死心,继续劝说道:"您听我说,我是齐国之女,比您更了解齐国。如今齐国政局动荡,不适合久留,您不能再贪图享乐了。当年周成王封晋国给唐叔虞时,那年心宿值年❶,因此晋国的国运远未结束,这种混乱的局面不可能长久下去。而在晋献公的众多子嗣中,夫君您最有威望,请您一定要回国即位,拯救万民于水火。"

公子重耳一个劲儿地摇头,对于姜氏的话,他一个字都没有听进去。

无奈之下,姜氏只能去找狐偃商议对策。最终两人找了个借口,将公子重耳灌醉,拖上车后带他离开齐国。

---

❶ 心宿,二十八星宿之一,古代星相学中心宿值年意味着心宿主宰天下的运势。晋国的先祖获得封地时,有人占星预测唐叔虞的后代享有晋国时间将与商王朝的国君数目一样。商王朝传承十七世三十一位王,晋国也将传三十一位国君。另,晋惠公是晋国的第二十一任国君。

09 重耳流亡——十九年的漂泊天涯路

公子重耳宿醉中醒来，号啕大哭，但木已成舟，他再无回头之路。公子重耳气得拎起身边大戈追着狐偃砍，他一边砍一边骂："如果我将来不能成为国君，就算让我吃你这个舅舅的肉，我也不甘心。"❶

狐偃不敢还手，他一边躲一边回答："如果您成不了国君，我都不知道自己死在哪里了，估计会曝尸荒野，被豺狼野兽吃了，您总不至于和野兽抢吃的吧。再说，如果您能成为国君，自然会有吃不尽的美味佳肴，我狐偃的肉腥臊难咽，您也不必吃了。"

公子重耳的性格中有几分乐天知命，即使他被手下裹挟，气消后也没有怪罪谁，只是跟着流亡团的众人继续上路。

众人离开齐国后，在途经卫国时，卫文公正因为邢国和狄国的入侵而苦恼，因此怠慢了公子重耳。

宁庄子觉得此事不妥，他向卫文公觐见说："晋国公子重耳是个有德之人，我们应该多与他亲近。大王您不按照礼仪接待他，此举不妥。武王开创周朝基业至今，周天子至今仍保有天命在身，这说明武王后代传承了气数。而武王的后代里，晋国最昌盛，晋国的众多公子中，又数公子重耳最有德行。晋国相继在位的国君寡德少恩，他日振兴晋国社稷之人，一定是公子重耳。您如此对待重耳，卫国将来必会在晋国的讨伐之列。"

卫文公心烦意乱听不进去，挥手让宁庄子退下。

重耳流亡团的一行人也很有骨气，他们没有多做停留，便离开卫国，进入曹国。

---

❶《国语·晋语》："醒，以戈逐子犯，曰：'若无所济，吾食舅氏之肉，其知餍乎！'"子犯即狐偃。由此衍生出典故"醉遣重耳"。

曹共公久闻公子重耳大名，毕竟江湖盛传公子重耳天生根骨清奇，肋骨连成一片。曹共公好奇心盛，他想趁着公子重耳裸体时，观摩对方的肋骨形状。

出于这个目的，曹共公故意将公子重耳留在客栈中，等对方将要洗澡时，曹共公则藏在暗处，突然冲到近前，偷看对方的肋骨。

公子重耳年近花甲，他见识过人性的险恶，但没见识过人性的无聊。当他一丝不挂地被曹共公饱览胴体时，公子重耳苍老的内心受到了极大的震撼，这件事在他心中留下了难以消除的阴影。

曹国大夫僖负羁得知事情的原委后，也震惊于曹共公的无聊。僖负羁的夫人此时劝说道："晋国公子重耳名声在外，追随他流亡之人中卧虎藏龙，只要有一人继续辅佐他，他以后一定能得到晋国。届时公子重耳必会第一个讨伐曹国。夫君，您不如立刻向他示好，看看事情是否能有转机。"

僖负羁的意见与夫人相同，他立即派人给公子重耳送上一盘美食，美食下还放着一块玉璧。然而公子重耳只接受了美食，将玉璧退回了。

僖负羁意识到大事不妙，他立刻向曹共公劝谏说："晋国公子重耳是与您身份同样尊贵的人，您理应依照礼节招待他，退一步说，即使您不招待他，也不能偷看人家洗澡。"

曹共公则鄙夷地回答说："各路诸侯流亡在外的公子多如牛毛，这些流亡之人如同丧家之犬，寡人无须招待他们。"

僖负羁说："曹国的先祖叔振是文王的儿子，晋国的始祖唐叔虞是武王的儿子。文王、武王都曾取得不朽的功绩，您与公子重耳同为二王的后代，不应该丢弃彼此之间的亲情。您这样做，会让曹国遭受祸患。"

曹共公对僖负羁的话充耳不闻，依然我行我素。公子重耳则带着巨大的心理创伤，离开曹国，前往宋国。

09 重耳流亡——十九年的漂泊天涯路

宋国的大司马公孙固与公子重耳私交甚好，公孙固又熟悉宋襄公为人处世的风格，于是当公子重耳抵达宋国后，公孙固入朝向宋襄公提议说："公子重耳流亡在外多年，向来行善而不自满，对手下尊敬有加，您看他流亡多年，狐偃、先轸、赵衰、贾佗这些能人，对他不离不弃。这些人都是治国的栋梁之材，物以类聚，人以群分，由此可见，公子重耳德行盛隆，才高意广，您应该善待公子重耳，与他多多交往。"

宋襄公最迷信德行之说，他为人处世的气度不俗，听公孙固这么一说，他没多犹豫，大手一挥，同齐桓公一样，也送了公子重耳二十乘顶级马车。

如果说冥冥中真的有天命，公子重耳最后的流亡生涯，一定吸取了其他诸侯的气数，在公子重耳抵达宋国后不久，楚、宋两国之间爆发了泓水之战。宋襄公在战场上受了重伤，于公元前637年5月不幸逝世。

历史再次发生了戏剧性的一幕，在宋襄公离开人间的数月后，同年九月，晋惠公也去世了。❶

史书记载，晋惠公仅留下一儿一女两位子嗣。此时，他的儿子太子圉，正在秦国做质子。晋国的窘境，让重耳流亡团的众人看到了久违的希望。他们收拾行囊，立即启程西归，准备以最快的速度赶回晋国。

他们快，太子圉更快。太子圉早在一年前，便舍弃了自己在秦国的一

---

❶ 《三家注史记》卷三十八：是年，晋公子重耳过宋，襄公以伤於楚，欲得晋援，厚礼重耳以马二十乘。十四年夏，襄公病伤於泓而竟卒。《史记三家注》即南朝宋裴骃《史记集解》、唐司马贞《史记索隐》、唐张守节《史记正义》的合称。《三家注史记》认为，宋襄公因为泓水之战败北，有求于晋国，因此善待公子重耳。由于《左传》中对公子重耳流亡的过程记载不清晰，导致史学界对此时间线众说纷纭。

切,飞一样地逃回晋国,晋惠公一死,他迫不及待地即位,史称晋怀公。

当年晋怀公在秦国做质子时,年仅十多岁。他的姑父秦穆公并没有为难他,甚至将自己的女儿嬴氏嫁给他。又因晋怀公后来成为国君,因此嬴氏也被后人称为怀嬴。

公元前640年,秦穆公东征,率领秦军灭亡了梁国和芮国。梁国是太子圉的母国,如今晋国势弱,母国破灭,他又作为质子,那种滋味可想而知。

两年后,太子圉收到了来自晋都绛城的消息——晋惠公身染重病,缠绵病榻。太子圉不由得心急如焚,因为他自幼远离晋国,在国内根基不稳,万一他的父亲一病不起,恐怕晋国群臣会拥立其他公子为君。届时太子圉的余生,都会在雍城度过。

太子圉苦思冥想,终于下定决心。太子圉和妻子怀嬴商量,二人一起逃回晋国。

怀嬴却这样回答他:"你身为晋国太子,在秦国忍辱负重多年,的确为难你了。但是我父亲将我嫁给你,是为了稳住你。如果你想逃回晋国,我父命在身,无法和你一起走。不过,我会替你保密,绝不走漏风声。"

太子圉十分感动,夫人,你对我果然情深义重。再见。

夫妻二人的这次分别,即是永诀,二人此生再无见面之日。

秦穆公得知太子圉逃跑之事,愤怒异常,好在女儿怀嬴还在秦国,这至少为秦国留下了与晋国交流的有利渠道。次年九月,晋惠公不出意外地病逝,太子圉在晋都绛城即位,摇身一变成为晋怀公。

事情的发展并不尽如人意,晋怀公即位后,并没有派人前往雍城迎接怀嬴。如此一来,秦穆公怒上加怒,他谋划寻找一个合适的人选,将晋怀公取而代之。毫无疑问,公子重耳便是最合适的人。

晋怀公心中也十分清楚公子重耳对他的威胁，他迫不及待地下令，命重耳流亡团的众人速速回晋国，他甚至设定了回国的期限，逾期者罪不容赦。

晋国大夫狐突听到新君政令，却没有打算将狐偃和狐毛两个儿子召唤回国。这一年冬天，晋怀公派兵突袭狐府，将狐突抓获。晋怀公对狐突说，只要你将狐偃和狐毛召回，寡人便赦免你的罪行。

狐突回答："儿子在外为官，我做父亲的，唯有教导他们忠诚，这是古训。如今我的两个儿子追随公子重耳多年，我现在将他们召回，便是让他们不忠，此事我办不到。"

最后，狐突说了四个字："臣闻命矣。"《左传》中数次出现"臣闻命矣"四个字，说出这四个字的大夫，最终无一例外身死。这四个字具有很强的象征意义，就仿佛"勿谓言之不预也"。

随后，晋怀公便将狐突斩杀。

而此时此刻，重耳流亡团的众人，应该刚刚行至郑国。如今晋国已有新君即位，郑文公并没有重视公子重耳。郑国大夫叔詹入宫劝谏说，如今公子重耳正在落难，郑国应该出手相助，日后他一飞冲天，一定会回报郑国。

郑文公连连摇头说："他已经六十岁了，还能活几年？哪有时间一飞冲天？"

叔詹解释道："公子重耳天赋异禀，是一个非常有福泽的人。自古以来，同姓结婚生下的子嗣，后代都短命，而他父亲晋献公和母亲狐姬都是唐叔虞的后代，公子重耳六十高龄，依然精神矍铄，可见他有上天庇护。此外，晋献公有九名子嗣，时至今日，唯有公子重耳健在，自从他流亡在外，晋国政局便从未稳定，冥冥中，晋国似乎在等待他归来主持大局。晋国的新君不得人心，晋国内外让公子重耳回国的呼声日益高涨，这是大势所趋。当年郑国先君郑武公与晋国先君晋文侯一同拱卫周王室，辅佐平王东迁，周平王曾赏赐过盟书，希望郑、晋两国世代友好。大王，您不能对此视而不见。"

郑文公没有理会叔詹的劝谏，他对公子重耳爱搭不理。对流亡团众人来说，当务之急，是谋取国君之位，晋怀公已经将矛头对准他们，晋国与郑国相距不远，郑国不是久留之地。于是公子重耳率众继续南下，不日抵达了楚国。

楚成王在与齐桓公争霸的多年中，渐渐接受了礼乐制度的熏陶。公子重耳身为晋国新君的叔叔，楚成王便按照周王室制定的公侯之礼接待对方。他前后向公子重耳献酒九次，同时在宴会庭中摆了上百件礼品。❶

公子重耳半生浪迹天涯，辛酸如烈酒入喉，化作心尖上的百感交集，他觉得楚成王太热情了，心中难免有提防之意。万一楚成王也好奇他的肋骨，来个霸王硬上弓，他一个花甲老人，当真难以招架。如此这般，公子重耳心生推辞之意。

狐偃劝他说："楚成王热情招待您，是上天的旨意。您身为流亡之人，却享受国君才有的礼遇，若不是上天，谁能让楚成王生出这种想法呢？❷"

公子重耳从善如流，便接受了楚成王的款待。席间，楚成王不经意地

---

❶ 《左传》《国语》两书用相同的一段话，分别描述了楚成王招待郑文公、公子重耳的礼节。其中一书应为错误，鉴于史料缺失，难以考证。

❷ 《国语·晋语·楚成王以周礼享重耳》："遂如楚，楚成王以周礼享之，九献，庭实旅百。公子欲辞，子犯曰：'天命也，君其飨之。亡人而国荐之，非敌而君设之，非天，谁启之心！'"

问公子重耳："如果您夺回国君之位,将如何报答我？"

公子重耳阅历丰富,他镇定自若地回答说："美女、宝玉、丝绸这些东西,您应有尽有,并不稀奇,而兽尾、象牙、犀牛皮这些东西,又是贵国特产,我不能拿来献丑。所以我很为难,不知道如何报答您。"

楚成王没有放弃："继续追问说,话虽如此,我还是想听听您的想法。"

公子重耳不再扭捏,直言道："若是托您的福,我能重回晋国成为国君,如果将来晋楚之间不幸发生战争,在中原交战,我一定率军后退三舍。若是我这样做以后,仍不能获得您的谅解,那我只好左手握马鞭和弓,右手摸箭囊和弓袋,与您周旋。❶"

公子重耳的回答,可谓滴水不漏,他许下退避三舍的承诺,有两个前提。

第一,"若以君之灵,得复晋国。"这个前提是说,楚成王必须先提供帮助,扶立公子重耳为国君。

第二,"晋、楚治兵,会于中原。"楚国盘踞荆楚,晋国经营山西,在公元前637年,这两个国家都不能算作中原诸侯。只有当晋、楚两国争霸中原时,才会在中原交战。假如楚成王率兵攻入山西,那双方便不是在中原交战。

---

❶ 《国语·晋语·楚成王以周礼享重耳》："若以君之灵,得复晋国,晋、楚治兵,会于中原,其避君三舍。若不获命,其左执鞭弭,右属櫜鞬,以与君周旋。"成语"退避三舍"便源于此。先秦史料《司马法》中记载:"古者,逐奔不过百步,纵绥不过三舍,自古之政也。"大意是追击败逃的敌人不能超过一百步,追击主动退却的敌人不能超过九十里。公子重耳基于当时礼乐制度中的军礼规定,提出了退避三舍之约。

公子重耳说完了这两个前提条件，才许下退避三舍的承诺。他这番话说完，楚成王没有表态，可楚国的令尹子玉，却将公子重耳的话记在心上。

宴席结束后，令尹子玉找到楚成王劝谏说："大王，请您杀掉晋国公子重耳。此时您不杀他，假以时日，他回归晋国，必会成为楚国的威胁。"

楚成王摇头否决说："我们不能杀他。如果将来楚国受到他的威胁，那一定是楚国不修德行，与他无关。若是上天庇护楚国，便没人能威胁楚国。你看公子重耳德才兼备，如今他身处困境，却不向他人谄媚，流亡多年，仍有贤能之士跟随，这是上天赏赐的福泽。我图一时之快将他杀死，便是违背天意，楚国又如何能得到上天的庇护呢？"

从楚成王的回答可以看出，他已经受到了周文化的影响。

正当公子重耳在鬼门关前转了一圈时，秦国使臣奉国君之名，前来楚国请重耳入秦。于是楚成王派人护送公子重耳到秦国去。临别之际，楚成王又赠送了丰厚的礼物。

公子重耳一行人随着使臣抵达秦国时，秦穆公做了一个匪夷所思的决定，他导演了一场春秋时代的伦理大戏，秦穆公将安排五名秦国宗族女子嫁给公子重耳，这五人之中，便有晋怀公的原配夫人怀嬴。

公子重耳是晋怀公的二伯，他迎娶怀嬴，相当于迎娶了自己的侄媳妇。若换一个角度，怀嬴是秦穆公和秦穆夫人的女儿，秦穆公又是公子重耳的姐夫。也就是说，怀嬴将要嫁给舅舅公子重耳，此后她的父亲秦穆公又将是她的姐夫，这辈分，剪不断理还乱。

除此之外，公子重耳和怀嬴两人的年龄差距也十分巨大。公子重耳此

09 重耳流亡——十九年的漂泊天涯路

时年过六十，怀嬴最多二十岁上下。❶

秦穆公的决定，令许多后人不解。没有人知道这场荒唐婚姻背后的原因。但结合此前的史料，我们可以发现另外一种可能。

当年秦穆公通过扶立晋惠公，期待晋国内乱不断。晋惠公不负重望，他即位后，晋国连年动乱。韩原之战后，晋惠公为了保住国君之位，派勃鞮去渭水之滨刺杀公子重耳。当晋惠公病重时，晋怀公又不告而别，偷偷逃回晋国。晋怀公即位后，也将矛头对准了公子重耳。

公子重耳和晋怀公两人的关系，几乎是不死不休。偏偏在这种情况下，秦穆公将晋怀公的原配夫人嫁给了公子重耳。这段婚姻会加剧恶化公子重耳和晋怀公紧张的关系。

可怜怀嬴，她的夫君从小伙子换成老头子。任何一个女人处于怀嬴的位置，都会产生心理落差，所以怀嬴便因为一件小事，借机向公子重耳发火。

当时公子重耳让怀嬴捧着器皿倒水洗手，他洗好后，挥了挥手让怀嬴离开。怀嬴当场生气地说：“秦、晋是实力相当的诸侯国，你凭什么瞧不起我。”

公子重耳人在屋檐下，不得不低头，他害怕秦穆公生气，连忙脱去衣冠自囚，请秦穆公惩罚。

秦穆公没有生气，他对公子重耳说："我正室夫人所生的女儿中，这孩子是最有才德的，也是我最疼爱的女儿。当年太子圉在我这里做人质时，我便将她嫁给了太子圉。如今我想让她与您成亲，又担心被外人诟病，所以不敢要求您明媒正娶，无奈之下，我才让她混在五女之列中服侍

---

❶ 公元前645年，晋怀公入秦国做人质，当时他年仅十岁。此时是公元前637年，晋怀公不满二十岁，怀嬴岁数不会太大。

您。她惹您生气，也是我的罪过，至于您愿不愿意收留她，悉听尊命。❶"

公子重耳听完，本打算拒绝这门婚事。不料流亡团的众人纷纷来劝。胥臣说，公子，您虽然和怀嬴是近亲，但你们的德运不同，婚配后，子孙也会昌盛，您不必担心。❷

公子重耳听完胥臣的一大段话，一时难以消化，他找到舅舅狐偃询问意见，狐偃连连反问说，您都准备抢夺太子圉的国家，怎么还会对抢夺他的妻子存在顾虑呢？

公子重耳有些崩溃，没想到舅舅也让他娶怀嬴。公子重耳还是不甘心，又去询问赵衰。

赵衰回答说："如今问题的关键，并不是娶不娶怀嬴。"

---

❶ 《国语·晋语》："寡人之嫡，此为才。子圉之辱，备嫔嫱焉。欲以成婚，而惧离其恶名。非此，则无故。不敢以礼致之，欢之故也。公子有辱，寡人之罪也。唯命是听。"在《国语》中，秦穆公称呼怀嬴为"寡人之嫡"，说明怀嬴是他的嫡女，又因为秦穆公的正室夫人是秦穆夫人，即公子重耳的姐姐，因此，公子重耳与怀嬴之间的血缘关系，恐怕比人们想象的要近很多。

❷ 《国语·晋语》中胥臣以黄帝和炎帝举例，劝说公子重耳接受这段婚姻。原文为我们提供另外一个角度，去观察当时人们对同姓不婚的观点。因胥臣的说辞很长，笔者仅概括胥臣的论点。以下为原文："同姓为兄弟。黄帝之子二十五人，其同姓者二人而已，唯青阳与夷鼓皆为己姓。青阳，方雷氏之甥也。夷鼓，彤鱼氏之甥也。其同生而异姓者，四母之子别为十二姓。凡黄帝之子，二十五宗，其得姓者十四人为十二姓。姬、酉、祁、己、滕、箴、任、荀、僖、姞、儇、依是也。唯青阳与苍林氏同于黄帝，故皆为姬姓。同德之难也如是。昔少典娶于有蟜氏，生黄帝、炎帝。黄帝以姬水成，炎帝以姜水成。成而异德，故黄帝为姬，炎帝为姜，二帝用师以相济也，异德之故也。异姓则异德，异德则异类。异类虽近，男女相及，以生民也，同姓则同德，同德则同心，同心则同志。同志虽远，男女不相及，畏黩敬也。黩则生怨，怨乱毓灾，灾毓灭姓。是故娶妻避其同姓，畏乱灾也。故异德合姓，同德合义。义以导利，利以阜姓。姓利相更，成而不迁，乃能摄固，保其土房。今子于子圉，道路之人也，取其所弃，以济大事，不亦可乎？"

09 重耳流亡——十九年的漂泊天涯路

公子重耳终于感到一丝高兴，可赵衰下面这段话，让他感觉，自己高兴得太早了。

赵衰继续说："如果我们想借助秦国之力，必须先顺从他的意愿，娶不娶怀嬴，并不是关键，关键是怎么娶。我认为，您应该郑重其事地将她迎娶过门，而且要对怀嬴恩宠有加。如此一来，秦国国君对您有好感，他自然会出兵帮我们。您更应该担心无法借秦国之力，至于娶不娶怀嬴，您有什么可犹豫不定的？"❶

赵衰比胥臣和狐偃想得更远。公子重耳见流亡团众人意见一致，经深思熟虑后，他决定接受这段荒唐的婚姻，以换取秦国的支持。

同年十二月，晋国重臣栾枝与郤縠偷偷前往秦国，拜见公子重耳。二人告知对方，如今晋国内部拥护公子重耳的人数众多，他们希望公子能尽快克复晋国。

天时地利人和尽在公子重耳之手，秦穆公没有食言，公元前636年周历正月，他点将出征，命秦军护送流亡团众人回国。时隔十九年，公子重耳又一次踏上了晋国的土地。春秋五霸中，最传奇的那位国君，终于站到了舞台的中央考证参见附录3。

---

❶《国语·晋语》："今将婚媾以从秦，受好以爱之，听从以德之，惧其未可也，又何疑焉？"

⑩ 王者归来
——晋文公安定晋国内乱

公元前636年王正月,秦穆公派遣秦军护送公子重耳回国。一行人行进到黄河边上,发生了一件小事。当时狐偃将一块祭祀用的玉佩献给公子重耳,并对他说,臣跟随您流亡列国,做了不少得罪您的事,我担心您将来念及旧情,不忍心处死我,与其让您日后为难,不如您现在让我离开吧。

狐偃的求生欲很强,他曾经和姜氏合谋灌醉公子重耳,裹挟对方离开齐国。因为曲沃一脉的后人生性凉薄,他担心公子重耳对此怀恨在心,所以狐偃在大军东临黄河之时,说出这番以退为进的话,来试探对方的态度。如果公子重耳想报复自己,狐偃的这番话,无疑给了对方一个台阶,或许公子重耳念及旧情,会留下狐偃性命。如果公子重耳想要重用狐偃,一定会出言挽留他。

公子重耳也很聪明,知道狐偃的顾虑。于是他指着黄河水发下重誓,他回国为君后,势必与舅舅一条心。公子重耳说完,便将狐偃献上的玉佩扔入黄河中,以此完成誓言。

此时重耳流亡团中的介子推对狐偃非常不满,他说狐偃确实辅佐了公子,但他不应该在此时向公子说出这番话。狐偃分明是在向公子索取。

介子推大骂狐偃无耻,他不愿意与之为伍,随后不久,介子推便隐退归山。

狐偃之事是公子重耳归国前的小插曲,但也侧面反映了当时众人对公

10 王者归来——晋文公安定晋国内乱

子重耳克复晋国抱有极大的信心。晋国史官董因早早地在黄河渡口处等待公子重耳的到来。两方人马刚一碰面，公子重耳便询问董因是否可以渡河。

董因回答说："此时正是您渡过黄河的良机，您不仅能夺回晋国，而且日后一定能率晋国称霸诸侯。晋国子孙都将受到您的恩泽。"

果然，公子重耳率秦军渡河后，兵困令狐、臼衰、桑泉三城，他命守军投降，对方莫敢不从。

事到如今，晋怀公手下人心惶惶。公元前636年二月四日，晋怀公的心腹吕甥和郤芮率晋军驻扎在庐柳抵抗❶，而晋怀公却逃亡到高梁❷。

秦穆公派公子絷前往晋军营中劝降，吕甥和郤芮率军后撤至不远处的郇城❸。二月十一日，狐偃同秦国、晋国的代表在郇城订立盟约，次日，公子重耳接管了晋军。二月十六日，公子重耳进入曲沃城，二月十七日，他率群臣入曲沃武公庙祭拜。祭拜结束之时，便意味着公子重耳正式即位，他成为晋国历史上第二十二位国君，史称晋文公。二月十八日，晋文公派人前往高梁将晋怀公刺死。❹

晋文公用仅仅不到一个月的时间，以摧枯拉朽之势克复晋国。晋怀公死后，吕甥和郤芮二人忐忑难安，担心晋文公下一步会对他们动手。二人商议后，决定铤而走险，他们企图火烧晋文公的宫殿，将晋文公烧死。

结果事情出现了戏剧性的变化。此前两次刺杀晋文公的勃鞮，前往宫

---

❶ 今山西省运城市临猗县西北。
❷ 古邑名。春秋晋邑，在今山西省临汾市东北。
❸ 同在今山西省运城市临猗县附近。
❹ 《左传》和《国语》都记载晋文公派人刺杀晋怀公之事，但《春秋》并没有记载，《左传》给出解释，是因为晋文公没有派人到鲁国报告，即晋文公不想将这件事声张出去。

中拜见晋文公。晋文公收到传报，他挥了挥手，让对方赶紧滚。同时，晋文公还让下人给他带去一段话：我父亲限你次日去蒲城杀我，结果你当天就到了。我弟弟让你三天内去狄国杀我，结果你第二天就赶到了。我知道你是奉命行事，但你也太积极了。我至今还留着被你斩断的衣袖，趁我没改变主意杀你之前，你赶紧逃命去吧。

勃鞮听完传话，不急不恼，也让下人回了一段话：我以为您既然回国为君，肯定懂得了为君之道，但我高估您了，您可能还没懂。您若继续这样，将会倒霉。自古以来，食君之禄忠君之事，我以前替国君办事，自然是全力以赴。如今您成为国君，如果您有令，我也会全力以赴。我听说您和齐桓公有过交情。齐桓公不计较一箭之仇，并且拜管仲为相，这才开创了齐国霸业。您如果没有齐桓公的宽宏大量，不需要您下令，我自己会滚。

勃鞮的话传到晋文公的耳中，晋文公冷静后，一笑泯恩仇，当即派人召见勃鞮。二人面谈时，勃鞮便将吕甥与郤芮的阴谋和盘托出。晋文公这才知道大事不妙。如今他归国未久，没有站稳脚跟。晋文公不敢大意，连忙找秦穆公帮忙，二人在王城秘密商谈对策。

不久后，宫中燃起大火，而晋文公早有准备，并没有在宫中居住。吕甥和郤芮没有抓到晋文公，二人预感阴谋可能败露了，于是他们连夜外逃。秦穆公按照计划，佯装出面，向二人伸出援手。吕甥和郤芮不知是计，便前往秦国避难，秦穆公顺势将二人俘获斩杀，为晋文公铲除了后患。

晋文公流亡近二十年，晋国在此期间历经晋献公、晋惠公、晋怀公三代国军，各方势力错综复杂。晋文公的国君之位并不好坐，他为了稳住局面，派出使臣前往秦国，将秦穆公之女怀嬴明媒正娶回国。因为晋文公谥号为"文"，从此史书也将怀嬴称作文嬴。

文嬴是晋文公最后一位夫人，但她却是晋文公的正室夫人，而且在晋文公众多夫人中，文嬴的地位最崇高。这件事，与秦穆公有着直接的关系。

晋文公借秦国之力稳定局势后，开始颁布政策，稳定晋国内政。晋文公召集百官，分授职务，并表彰那些追随他流亡的大夫，同时，他拉拢晋国贵族，既重赏军功卓越之人，又提拔才德兼备之人，最重要的是，晋文公改善公族幸存子弟的待遇，以缓和晋献公血洗公族的历史遗留问题。

晋文公做完人事调整后，又推动一系列新政，致力于提高晋国国力，如减轻赋税、广施恩德、打击山贼匪寇、鼓励商旅往来。❶

晋献公曾为晋国开疆拓土，为晋的强盛打下基础，晋文公的怀柔政策，则进一步夯实了晋国国力，这为晋国争霸中原创造了有利条件。

---

❶ 《国语·晋语·文公修内政纳襄王》一文中，用大量的篇幅记载了晋文公的举措。

11 城濮之战
——中原大混战的缩影

公元前636年夏天,距离晋文公即位仅仅几个月的时间,中原发生了一场不大不小的战争——郑文公派人攻打滑国。

史书记载,滑国在祖上曾经有过一次迁徙,他们从不知名之处,迁徙到郑国、卫国之间。滑国原本是姬姓的伯爵国,爵位和郑国相同,随着历史的变迁,滑国日益衰落,后来成为郑国的附庸。

可是他们不甘心沦为附庸,滑国时常在郑国和卫国之间摇摆。当郑国攻打滑国时,他们便投降,等到郑军撤兵,他们又开始倒向卫国。

这一年夏天,郑文公忍无可忍,再次举兵讨伐滑国。天子周襄王想劝和,便派使臣前往郑国游说。但郑文公一直对周王室不满,因为当年他父亲郑厉公有勤王救驾之功,可是时任天子周惠王并没有赏赐其爵位,郑文公耿耿于怀,不肯听从周襄王之命,并将天子的使臣抓起来囚禁。

周襄王震怒不已,他准备出兵攻打郑国,奈何周王室衰落日久,早已无兵可用。于是周襄王准备率狄国的军队攻打郑国。

当时周王室的大夫们意识到不妥,其中名为富辰的大夫劝周襄王,毕竟郑国曾经勤王有功,还帮助先王复辟,您别得罪郑国。

周襄王盛怒之下,没有听劝,他命颓叔和桃子率狄国之军攻打郑国,并且占领了栎地。狄国和滑国都在郑国以北,而栎地在郑国的国境之南,狄人如果攻打栎地,最快捷的路径,便是取道王畿之地。更重要的是,栎地曾经是郑厉公复辟前的大本营，郑厉公、郑文公父子二人对这里很有感情。

郑军正在北上与滑国打仗，周襄王却引兵偷袭郑国后方栎地。郑文公得知消息后，恨得牙根直痒，但他无可奈何，只能忍下这口气。

战后，周襄王为了表示恩宠，准备将狄国的国君之女隗氏立为王后。

富辰又出言劝谏说："大王，狄人贪得无厌，您这样做，日后狄人必成祸患。"

周襄王又一次一意孤行，没有听从对方的劝告，最终立隗氏为王后。

历史总是惊人地相似，晋惠公即位后不久，王子带作乱。晋惠公率晋军勤王救驾，王子带战败，仓皇逃往齐国避难。王子带在齐国度过了十年的流亡生涯，后来在各方势力的推动下，于公元前638年，重回成周雒邑。

隗氏是一名奇女子，王子带又是一名不安分的奇男子，这二人在天子脚下私通。他们的奸情败露后，周襄王毫不犹豫，当即废了隗氏的王后之位。

王子带觊觎天子之位已久，隗氏被废之事，使他察觉到了一丝机会，于是他秘密联系颓叔和桃子，联合对方一同叛乱。这二人曾经率狄国之军攻取栎地，他们正害怕狄国国君会因为隗氏被废而迁怒于自己。颓叔和桃子一狠心，便引狄国之军进攻王城。

乱军一举击溃天子军，王子带自立为王，史称"王子带之乱"。

积弱的周王室无力平叛，周襄王携随从仓皇逃往郑国的氾地。事到如今，天子之位岌岌可危。次年春天，周襄王不断派使臣向各路诸侯通报叛乱军情，期盼诸侯们能够派兵出征，以纾解王室危难。

秦穆公在收到天子告急的军情后，当即率军东进，直抵黄河岸边，他将军队稍做休整，准备渡河后剿灭叛军。

在此之际，归国未满一年的晋文公也得到了消息。在晋文公做出抉择之前，当年流亡团的重臣狐偃便迫不及待地入宫劝谏。狐偃有辅佐晋文公争霸天下之心，他对晋文公了一句话——求诸侯，莫如勤王。诸侯信之，且大义也。

狐偃的谋略，与春秋首霸齐桓公如出一辙。数十年前，齐桓公君王攘夷，九合诸侯，成就了齐国的霸业。如果晋国意图称霸中原，必须勤王救驾，此举不仅可以令诸侯信服，也能使晋国站住大义。

晋文公从谏如流，他派信使面见秦穆公，劝秦师退回关中，自己则率领晋军东进中原勤王救驾，迈出了争霸天下的第一步。

此次晋国出兵平叛，有个得天独厚的优势。当年晋文公在外流亡近二十年，其中十二年是在狄国度过的。他即位后，晋国与狄国的关系越来越密切。而王子带叛乱的最大倚仗，便是狄国。

于是在出征前，晋文公对军情做出了准确的判断，他与狄国以及数个戎狄部落达成约定，彻底打开晋军行军路线，令晋军毫不费力地直抵王畿。❶

王子带失去狄国的助力后，犹如无本之木，他被晋军重重围困于温地。这一战晋文公赢得极为轻松，他将晋军一分为二，命右翼部队围攻温地，又命左翼部队前往郑国迎接周襄王。

数日后，晋军右翼部队攻破温地，活捉王子带，随后晋文公把他五花大绑，押送至隰城后斩杀。与此同时，晋军左翼部队的进展也非常顺利，他们成功将周襄王迎回王城雒邑。

鉴于晋文公救驾有功，周襄王将阳樊、温地、原地等南阳之地❷，封赏

---

❶ 《国语·晋语》：晋文公行赂于草中之戎与丽土之戎，以启东道。

❷ 《左传·僖公二十五年》：晋于是始启南阳。《左传》中提到的南阳并非南阳盆地，当时晋国习惯将黄河以北、太行山以南的地区称作南阳。

11 城濮之战——中原大混战的缩影

给晋国。如此一来，疆域不大的周王室，管辖之地越发狭小。自从平王东迁后，周王室的实力每况愈下，王畿之地仅有数百里。在这种情况下，周襄王南阳之地封给晋国，这个举动似乎很荒唐。

然而，在荒唐的背后，却隐隐透露出一丝阴谋的味道。

因为地缘问题，周王室与郑国交恶已久。八十年前，郑庄公曾经派祭仲前往温地割麦，天子颜面扫地，却无能为力。百十年来，周郑两股势力的关系一言难尽。远的不说，此次王子带之乱，周襄王逃往郑国，郑国却没有表示出一丝勤王的意愿。

流亡在外的滋味并不好受，他借晋国之力得以复辟，心中对晋文公多少都有感激之情。此外，他以南阳之地重赏晋文公，至少有两个好处，一来可以向其他诸侯暗示，勤王救驾是有利可图的；二来可以制衡郑国的发展。

晋国取得南阳之地后，将势力范围推进到黄河以北，与郑国仅有一江之隔，对晋国来说，这块土地是他们向中原进军的跳板。历史证明，此后数十年，郑国夹在晋楚之间，沦为了两国争霸的棋子。

郑文公得知消息后，北望晋国而兴叹。晋文公回国后，秦晋重归于好，而晋军此行平叛，更打通了东进的道路。如今晋国与郑国仅有一江之隔，郑国的地缘形势岌岌可危。毕竟晋文公今非昔比，早已不是当年流亡的重耳。在审时度势后，郑文公将目光转向了南方，他紧紧地抱住了姐夫楚成王的大腿。

郑国投靠楚国，不过是这个时代的缩影。这一年，是公元前635年，此时此刻，楚国正如日中天，国君楚成王征战沙场多年，几乎没有败绩，通过泓水之战不仅粉碎了宋襄公的称霸幻想，还把疆土推到宋国国境之南，使宋国成为楚国的附庸。

随着楚国经年累月的征伐，宋国、许国、陈国、蔡国以及早先沈鹿会盟中的各路诸侯，都成为楚国联盟中的一员，鲁国也时常向楚国暗送秋波。如今郑国的投靠，更让楚成王一举控制了郑宋两大中原核心区域的诸侯国，放眼天下，楚成王只有一个心腹大患，那便是齐国。

楚成王的一生，桀骜不驯。然而在公元前655年的召陵会盟时，齐桓公以春秋霸主之威，挟八路诸侯之势，逼迫楚成王低头和谈。即使齐桓公早已悲惨离世，天下也已经进入了一个无霸主的时代，在楚成王心中，只有征服齐国，才能为楚国争霸中原画上一个完美的句号。至于其他诸侯国，楚成王并未放在眼中，包括晋文公治下的晋国。

终于，在公元前634年，出现了一个让楚成王梦寐以求的良机，楚成王顺势出兵伐齐，为楚国争霸天下迈出了重要的一步。

这一年发生了很多事，它们息息相关，<u>丝丝入扣</u>，每一个当事人的抉择，都会影响全局，可谓牵一发而动全身。

世人皆知，齐国霸业已然衰落。可时任齐国国君齐孝公并未察觉到时代的变化，他依旧沉迷在父亲齐桓公留下的昔日荣光中，常常对周围的诸侯国君颐指气使。

由于齐鲁地缘相近，鲁国首当其冲。鲁僖公对此苦不堪言，在泓水之战以后，鲁僖公抛弃了先君鲁庄公的外交策略，他做出了两个抉择，一是走上了依楚制齐的路线，与齐国渐行渐远。二是联合其他诸侯，对抗齐国。比如鲁国数次与卫国和莒国举行会盟，意图对抗齐国。其中卫国更是鲁僖公在东方最重要的盟友。

究其原因，是此时卫国和齐国的关系破裂。对鲁僖公来说，敌人的敌人是朋友，由此，卫国与鲁国有了联盟的基础<u>考证参见附录4</u>。

11 城濮之战——中原大混战的缩影

鲁、卫两国的联盟，自然引起了齐孝公的不满。公元前634年，恰逢鲁国饥荒，齐孝公趁机出兵攻打鲁国。可惜，他低估了鲁、卫联盟的实力。

当齐军南下，刚抵达鲁国边境时，卫国立刻出兵，他们在后方攻打齐国。齐孝公面对腹背受敌的困境，没敢轻举妄动攻入鲁国。最终，齐鲁双方和谈，止戈沙场。

谁都不曾想到，这场短暂的和平，只是暴风雨来临前的平静，一场史无前例的中原大混战，正缓缓拉开帷幕。

齐鲁和谈只是鲁国的缓兵之计，和谈后，鲁僖公派人前往楚国借兵，准备攻打齐国。楚成王谋划齐国多年，得此天赐良机，自然不愿错过，他当即派援军北上，由鲁僖公全权调度，进行伐齐之战。

正当楚成王踌躇满志之时，宋国国君宋成公却给了楚成王一记响亮的耳光。他不甘心沦为楚国的附庸，选择背叛楚国，转而投向快速崛起的晋国❶。在这个时代中，曹国与宋国势如水火。随着宋国叛楚投晋，曹国则全面倒向了楚国阵营。

这一系列令人措手不及的变化，搅动了春秋原本错综复杂的局势。春秋各路诸侯，在自身利益的驱动下，共同勾勒出一副沧海横流的乱世气象。

依旧是公元前634年，在楚国向鲁国借兵伐齐之际，楚成王为了弹压宋国的反叛，他点将令尹子玉、司马子西二人，率楚军北上伐宋，兵困缗地❷，开启了讨伐齐、宋的双线战争。

鲁僖公借楚军之力，率先取得战果。他在正面战场进攻的同时，还联系

---

❶ 《左传·僖公二十六年》："宋以其善于晋侯也，叛楚即晋。"

❷ 今山东省金乡县东北。

齐桓公的其他数个子嗣作为内应，齐国历史上著名的奸臣易牙（前文提及）也参与其中。鲁僖公双管齐下，顺利攻取榖地❶，楚国大夫申公叔侯率楚军驻扎城内。同时，齐桓公的七个子嗣前往楚国为臣，史称"七大夫于楚"。

齐军战败，境内更有楚军驻扎。齐孝公在内忧外患下，心力交瘁。次年夏天，即公元前633年，齐孝公卒。

在当时，诸侯有伐丧不详的规则。鲁国更是以礼治国的典范，鲁僖公遵循礼乐制度，暂停了对齐军的攻势。

齐国的噩梦却并没有终止。齐孝公死后，齐国又一次陷入内乱，孝公之子被公子开方杀害。随后公子开方拥立齐桓公之子公子潘即位，史称齐昭公。❷

齐国经历了新一轮的动荡后，父辈留下的霸业凋零，齐昭公失去了与楚国争霸的实力。

与伐齐之战的高歌猛进不同，楚国令尹子玉和司马子西二人，却在长达一年多的伐宋之战中，未见寸功。

令尹子玉，原名成得臣，出身于若敖氏家族，他的哥哥斗榖於菟便是前任令尹。司马子西，原名斗宜申，楚国第二任司马，掌管楚国的军队大权，同样出身于若敖氏家族。

若敖氏家族在楚国迅速扩张的道路上，已经逐渐成为楚国内部的庞

---

❶ 今山东省东阿。
❷ 存疑，2011年12月出版的《清华简》中，记载卫文公即公子开方，卫文公本名启方，为避周孝王辟方讳而改名为"燬"，而后为避汉景帝刘启名讳，改名为"开方"。然而《左传》记载，卫文公于公元前635年去世，不可能在公元前633年杀害齐孝公之子。

11 城濮之战——中原大混战的缩影

然大物,不仅令尹和司马如此重要的官职出自若敖氏,甚至连此行伐宋的楚军中,也有若敖氏家族的私军。这支军队名为若敖六卒,一卒三十乘兵车,六卒满编一百八十乘,兵力近万人。此次令尹子玉北上伐宋,若敖六卒尽出,却迟迟没有达成战略目的,远在后方的楚成王,不知令尹子玉是指挥不利,还是消极应战。

郑宋两国位于中原的核心位置,战略价值极高,若要称霸天下,两国缺一不可。楚成王原本期望伐宋之战能够速战速决,从而打通从楚国北上的路线,借此威慑齐鲁。但是漫长而又无休止的战争,耗尽了楚成王的耐心,他对担任主将的令尹子玉和司马子西渐生不满。

时隔一年,在公元前633年冬天,楚成王决定亲率楚军北上伐宋,为了毕其功于一役,他甚至集结了郑、许、陈、蔡等诸侯国的联军,意图迅速攻取郑国,打通伐齐路线。

宋成公在收到大兵压境的军情后,心知今朝凶多吉少。宋成公环顾四周,与宋国接壤的鲁国、卫国、曹国、郑国、陈国都已经加入了楚国联盟。齐国则深陷内乱,难以依靠。如今之计,唯有请晋国出手,宋国或许才有一线生机。于是宋成公连夜派大司马公孙固前往晋国告急求救。

晋文公流亡宋国前,便与公孙固交好,他得到消息后,立刻召集朝中重臣商议援宋对策。流亡团内的几位重臣意见一致,先轸表示,报施救患,取威定霸[1],全在这次救援宋国的行动中。

狐偃的建议更为具体,楚国如今锋芒正盛,晋国不宜正面对抗。如今楚国刚得到曹国的归附,并与卫国新结姻亲,晋国若攻打曹卫两国,楚国

---

❶ 大意是报当年之恩,援救宋国之患,在诸侯间取得威信,确定晋国的霸主地位。

势必会出兵救援，如此可解宋齐两国之危。

在流亡团的众人看来，中原各大诸侯中，仅剩宋国与齐国未向楚国屈服，一旦宋国沦陷，齐国必然不保，届时晋国若想称霸，则会困难重重。

除此之外，楚国又是春秋中最特殊的一个诸侯国，东周列国的大部分文明，属于黄河文明，而楚国则属于长江文明。自从楚武王熊越称王后，楚国是与东周王朝并列的政权，一旦宋齐两国也沦为楚国的附庸，会给天下大势带来巨大变数。

经过一番商议之后，晋国君臣决定出兵援宋。❶

公元前632年，晋文公先拿当年羞辱他的曹国祭旗，晋军以攻打曹国为借口，向卫国借道。这次借道，是假道伐虢的重演，然而卫成公看穿了晋国出兵的意图，当即拒绝了晋文公的请求。

晋军借道不成，便南渡黄河，迂回东进。渡河后，晋文公挥兵入侵曹国，攻打卫国，并在同年正月十一日，取得五鹿之地，应验了当年流亡时狐偃的预言。

晋国首战告胜，并强势加入战局，使中原诸侯们的心态发生了些许变化。最先做出表率的是齐国新任国君齐昭公，他派人前来，商议与晋文公订立盟约，共抗楚国。

而卫国战败后，国内在外交选择上出现意见分歧，卫成公执意加入楚国联盟，卫国群臣们对此强烈反对，很快，卫国国内发生了政变，卫人合力将卫成公驱逐出境。

---

❶ 在晋军出征前，晋文公检阅军队，并顺势扩张军力，将晋献公时代的上下二军制，改成上中下三军制，并以中军为尊，而晋国的六卿制，也通过这次军改登上了历史舞台，对后世产生了极为深远的影响。

而楚军的反应，在晋军的预料之中。楚成王为了稳住卫、曹两国，分兵绕过宋国，北上增援。鲁僖公也派公子买前往卫国戍守。

晋军早有准备，他们用围点打援的战术，粉碎了楚国联盟的军事行动。❶

鲁僖公行事风格圆滑多变，他发现晋军的实力超乎寻常的强大。在权衡利弊后，鲁僖公决定两头下注，把罪责归于公子买，并下令将他斩首。随后他派人分别向晋楚双方送信，一位信使在晋文公面前解释说："公子买擅自做主，私自调动军队援助卫国，如今国君已经将他斩首示众，希望晋军方面不要追究。"

而另一位信使在楚成王面前解释说："公子买作战不力，如今国君将他斩首示众，请楚军方面不要责怪。"

同时，鲁僖公还将驻扎在穀地的楚军指挥权交还给楚成王。鲁僖公安排好一切后开始对战局袖手旁观。

鲁僖公的所作所为，使混乱的局势变得更加错综复杂。短短不到一个月的时间内，齐国与晋国结盟，卫国发生政变，鲁国消极应战。对楚成王来说，原本是一场势在必得的战争，现在却让他进退两难。如今楚成王麾下的联军迟迟不能攻下宋国，驻扎在齐国境内的楚军又成为一支孤旅。

时间随着战事的胶着一天天流逝，眼见春耕农忙时节即将到来，春耕对于诸侯们来说至关重要，楚成王必须做出一个抉择。

这一年，是楚成王即位的第四十个年头，他曾与齐桓公一战江淮，曾与宋襄公大战泓水河畔，也曾与晋文公煮酒论英雄。骄傲使他不愿就此撤兵，更不愿让他的霸业成为镜花水月。

---

❶ 《左传·僖公二十八年》："公子买戍卫，楚人救卫，不克。"

如今之计，只要楚军攻下宋国，届时中原核心郑宋两国将尽在楚成王之手，将会为楚国称霸天下奠定坚实的基础。

因此，楚成王决定强攻宋国，他打算在春耕之前结束战斗。这个决定让晋文公骑虎难下，他若想争霸，势必要救宋国于水火，可曹国是晋军援宋路上最后一颗钉子。晋军为了尽快拔掉它，不惜代价猛攻曹国都城陶丘。❶

三月初十，晋军终于攻破陶丘的城门，并且活捉了曹共公考证参见附录5，与此同时，宋国求援的书信也送到了晋文公手上。他立刻召集军中高层开会，晋文公说："宋国战事告急，若我们不救宋国，宋国将与晋国断交，若我们说服楚国撤兵，则难如登天，我想与楚国一战，但齐国和秦国的态度不明确，我们有什么应对之策？"❷

中军将先轸抓住了关键："既然晋文公担忧齐国和秦国态度不明，他只要想方设法逼两国表态，国君便无后顾之忧。"

于是先轸建议说："我们应该设法让宋国重金贿赂齐国和秦国，说服他们出面请求楚国撤兵。同时，我们还要把曹国国君扣押起来，再把曹国和卫国的部分土地分给宋国。楚成王想称霸中原，势必要笼络人心，而曹卫两国土地被宋国侵占，他一定不会同意齐、秦两国的调解，如此一来，我们便可以逼齐、秦两国参战。"

先轸力压众人成为晋军中军将，必然有过人之处。他在短暂的时间内，想出这样纵横捭阖的谋略，的确是常人所不及。

晋文公听罢，感觉言之有理，他采纳先轸的建议，派人依计行事。当

---

❶ 《左传·僖公二十八年》："晋侯围曹，门焉，多死。"
❷ 《左传·僖公二十八年》："宋人告急，舍之则绝。告楚不许，我欲战矣，齐、秦未可，若之何？"

晋军上下以为要与楚成王一战时，行事不定的楚成王却下令撤兵了。

楚成王一生用兵波诡云谲，谁都不曾想过，他会在齐桓公如日中天时远征齐国，可他偏偏这样做了。而在泓水之战中，楚成王也曾犯过兵家大忌，他下令楚军强渡泓水。如果当时楚成王的对手不是宋襄公，楚军极有可能折戟泓水河畔。

在这场中原大混战难解难分之时，现实又一次出乎人们的预料，楚成王下令撤兵了。

不过这一次，楚成王有充分的撤兵理由。

此时已经是三月中旬，楚军忙于征战，即将错过春耕农忙。楚成王也察觉到，晋文公坚决救援宋国的意图。随着战事的深入，晋军已经获得了齐、秦、宋、卫、曹等诸侯国的支持，楚军的优势已经不明显。

楚成王在权衡利弊后，决定率军回师楚国。他令麾下部队在楚国境内的申地驻扎，同时命申公叔侯撤出齐国的穀地，又命令尹子玉撤离宋国。

楚成王的信史对二位主将说："楚王有令，不得与晋军交战。晋军在外流亡十九年，经历了人情冷暖、世态炎凉，人心真假虚实，了然于胸。如今他的同辈兄弟仅有他尚在人世，这是上天赐予他的长寿，他天命在身，我们应该知难而退。"❶

可是，当军令传到令尹子玉的军中时，对方却不肯撤兵，他又派人向楚成王请战，令尹子玉打算以这场胜利，堵住他人之口。

楚成王对令尹子玉违抗军令之事大为震怒，他减少了令尹子玉手中的

---

❶《左传·宣公十二年》："见可而行，知难而退，军之善政也。"成语"知难而退"出处。

兵力。❶

此时楚军攻打宋国的部队，仅有西广、东宫与若敖六卒三支部队，外加郑、许、陈、蔡的诸侯联军。战局瞬息万变，楚成王的撤兵，让令尹子玉的兵力捉襟见肘，他难以维持对宋国的强攻。令尹子玉分析形势后，想出了一条诛心之计——既然晋国必救宋国，那他便以宋国为筹码相要挟。

于是令尹子玉派名为苑春的楚大夫前去晋军大营，通知对方说："请恢复卫成公的国君之位，同时再归还曹国的疆土，如果晋军答应我们的条件，楚军将从宋国撤兵。"

这是一条借花献佛的阳谋。在此次援宋行动中，晋军从未在正面战场上抗击楚军。他们是用攻击楚国盟友的方式，逼迫楚国退兵。时至今日，晋国在援宋行动中得到了大量好处，而宋国依然没有摆脱楚军的威胁。

这条计谋对宋国、卫国、曹国、楚国都有利，唯独损害了晋国的利益。如果晋国不同意对方的条件，便失去了大义，令尹子玉可以趁机污蔑晋国，宣称他们为了一己私利，将宋、卫、曹三国拖入了战争的泥潭。

即使晋国同意对方的条件，令尹子玉依然可以向卫、曹两国示好，只要他宣称自己是为了救盟友于晋国刀锋之下，不得不攻打宋国，以此逼晋国退兵。

令尹子玉借晋国利益这朵"花"，献给宋、卫、曹这三座"佛"，他玩了一手好权谋。

狐偃明白令尹子玉的打算，他清楚楚成王已经撤兵，如今令尹子玉手中兵力不足，他向晋文公建议趁机攻打楚军。

---

❶ 《左传·僖公二十八年》："王怒，少于之师，唯西广、东宫与若敖之六卒实从之。"

11 城濮之战——中原大混战的缩影

先轸则将狐偃拦下，因为晋国失去了大义，若贸然行动，即使晋军能在战场上取胜，也会在舆论战上一败涂地。这将成为晋国霸业的隐患。

先轸思索着，对方用的是借花献佛的阳谋，那晋国先将花献出去，让对方无花可献，自然就破了对方的计谋。

于是先轸向晋文公建议："既然对方能够一言而定三国，我们不能一言而亡之。我们不如先答应对方。但我们要暗中答应帮助卫、曹两国恢复他们的国家，以此分化卫、曹与楚国的关系，最好让他们与楚国断交。此外，令尹子玉这个人气量狭小，意气用事，既然他现在以宋国相要挟，我们只要激怒他，逼他与我们一战，宋国之围自然会迎刃而解。"

所谓上兵伐谋，不过如此。晋文公听完非常高兴，命人依照先轸的计策行事。他一边派人拘捕宛春，一边派人对卫、曹两国展开外交攻势。两国果然如先轸所料，最终宣告同楚国断绝关系。

令尹子玉绞尽脑汁想出的计策，到头来竹篮打水一场空。他得知消息后，勃然大怒，率楚国联军向晋军逼近。

晋军的高层清楚令尹子玉怒气正盛，此时不宜与之交战，况且晋国的援军尚未到来。晋文公为避其锋芒，下令晋军徐徐后退。这是一种用空间换时间的战术，不仅可以消散令尹子玉的怒气，还能够为晋军争取缓冲时间，等待援兵集结。

可是晋军的中层对此毫不知情，他们大多出身于贵族，深受礼乐制度的影响。在他们眼中，晋文公一国国君之尊，退避楚国的臣子，此事有违礼乐制度，等同于国耻。

狐偃敏锐地察觉到军心不稳，他立刻前去安抚："当年楚成王曾帮助大王归国即位，大王许诺，他日若在中原与楚军相遇，他定会退避三舍。

如今大王下令退避三舍，正是为了报答楚国的恩惠。若三舍已过，令尹子玉依然得寸进尺步步紧逼，我军必将反击。"❶

同年四月初三，晋军与宋、齐、秦三国联军齐聚城濮考证参见附录6。

令尹子玉率联军步步紧逼，连追九十里后，楚军众人都察觉到事情不对，其中可能有诈，众将士劝说令尹子玉放弃对晋国的追击。❷

令尹子玉执念重重，此时他一意孤行，非战不可。他将部队安置在城濮外的丘陵地带，提前占据了险要地势。

天时不如地利，晋文公发觉晋军丧失地利优势，不禁有些犹豫。❸

在晋文公辗转反侧、难以成眠时，众人察觉到国君心态的变化，围在其身边宽慰他。

狐偃说："大王，这一战我们还是要打。若能一战而胜，您必会称霸诸侯，若不能取胜，晋国山川险要，外有黄河屏障，内有太行之险，我们可以倚仗表里山河之地利，抵御强敌。❹"

晋文公摇摇头："我心里有一件事放不下，楚成王当年对我们的恩惠怎么办？你们随我流亡多年，应该能体会到我的心情。"

栾枝劝他说："从前汉阳地区的姬姓诸侯国，现在都被楚国吞并了。我们晋国也是姬姓诸侯国，要替兄弟之邦报仇，大王，您千万不能因为楚

---

❶ 成语"退避三舍"即出自此处。
❷ 《左传·僖公二十八年》："众人欲止，子玉不可。"
❸ 《左传·僖公二十八年》："楚师背郤而舍，晋侯患之。"
❹ 《左传·僖公二十八年》："子犯曰：战也。战而捷，必得诸侯。若其不捷，表里山河，必无害也。"成语"表里山河"出自此处。

成王的小恩小惠而忘记奇耻大辱。"

众人劝说过后，当天夜里，晋文公做了一个奇怪的梦，他梦见自己与楚成王搏斗，楚成王将他打倒以后，趴在他身上吮吸他的脑汁。

晋文公从噩梦中惊醒，他心中忐忑不安。大战在即，他却做了如此诡异的梦，不禁担忧这是否是不祥之兆，于是晋文公召集众人商议。

狐偃看晋文公心神不宁，把这个梦朝着好的方向诠释，他说："梦是反的，大王您这个梦是非常吉利的。您躺在地上，面向天空，寓意着晋国将得到天助。楚王面向地，寓意着他向您服罪，而他吮吸您的脑汁，寓意着他会跟着您的想法行事，您将会使他驯服。"

晋文公一想也是，如今箭在弦上，不得不发。他重振心神，率麾下兵马，决定与令尹子玉麾下的楚军一战。

令尹子玉派使臣前往晋军下达战书，晋文公派下军主将栾枝答复说："晋国国君心怀楚国的恩惠，遵守曾经的誓言，才退避到此地。子玉大夫欺人太甚，我们晋军不再退让，明日清晨，请战场相见。"

第二日清晨，晋军投入七百乘兵车的兵力。在春秋中期，每乘兵车由两辆战车、一辆驰车、一辆辎重车组成❶，作战人员预计七十五人，由此推算，晋军至少投入五万人参战。此外，晋文公手上还有宋、齐等国的援军，所以晋国方面的总兵力应该在五万到十万。

以春秋时代的人口和战争规模，这样的兵力投入，已经是超大规模会战的兵力。

可惜史书上并没有记载楚军方面的兵力配置，即使令尹子玉兵力占

---

❶ 驰车，相当于轻型战车。

优，优势也并不明显，因此城濮之战，将是一场势均力敌的大会战。

同年四月初二，令尹子玉亲率楚国联军应战。在战前，他立下豪言说："今日必无晋矣。"言外之意，他会将晋军消灭殆尽。

然而，晋军在战前的准备，远胜于楚军。下军副将胥臣用老虎皮蒙在战马身上，率先冲击楚国阵营中的陈、蔡两军。

陈、蔡两军有着悠久的历史，从东门之役，到繻葛之战，再到齐楚一战江淮，陈、蔡两军参与的一方，大多以失败告终。此战，陈、蔡两军一如既往地保持了他们逢战必败、逢败必逃的战术特点，但这次，在胥臣的冲击下，他们战败溃逃。

古时战场上的排兵布阵，往往环环相扣，牵一发而动全身。令尹子玉麾下的楚军，分为左中右三军，楚国司马斗宜申担任左军统帅，若敖氏的后裔斗勃担任右军统帅，而令尹子玉率领若敖六卒，坐镇中军。

斗勃的右军与陈、蔡两军相连，对方溃散的部队从前方后撤，逐渐扰乱了楚军右翼部队的阵形，三支军队混在一起，很难在短时间内重新组织起攻势。

占据优势的晋军并没有乘胜追击，恰恰相反，他们选择诱敌的战术，晋军的上军主将狐毛命人立起两面大旗，佯装成主将撤退的样子。下军主将栾枝也命人在战车后面拖着树枝，如此一来，战车在行驶过程中会扬起大量的烟尘。两人相互配合，营造出晋军溃败逃窜的假象。

楚军左军统帅斗宜申见状，果然中计，急忙率军追击。此时晋军的中军将先轸突然杀出，将追击的楚军拦腰截断，狐偃和狐毛这对兄弟掉转枪头，夹击落入圈套的斗宜申部队。楚军左军在夹击下，很快溃不成军。

令尹子玉心知败局已定，他麾下是若敖六卒，即若敖氏的私军，若敖氏家族能在楚国呼风唤雨，与这支军队密不可分。令尹子玉为保存实力，按兵不动，没有将若敖六卒投入战场。

最终，城濮之战以晋军大胜而结束。晋文公也凭借这一战称霸中原，战后很多亲楚的诸侯国逐渐转向亲晋的立场。从此，春秋开启了百年的晋楚争霸时代。

12 践土会盟
——晋国称霸的起点

晋军在"城濮之战"中取得大胜,并占领了楚军的军营,晋文公下令全军庆功三日。晋军吃了三天楚军的军粮,然后才班师回国。

没有楚军的压迫,晋军行进速度非常缓慢,二十多天后,他们才抵达两百多公里外的衡雍❶,周襄王在晋文公的帮助下,平定了王子带之乱,此时他听说晋军大获全胜,便打算慰劳晋军。晋文公收到消息后,在践土临时修建行宫,等待天子驾临❷。

当时践土在郑国境内,郑文公被晋军的动静吓得不轻。当年晋文公流亡到郑国时,郑文公便没有以礼相待。而城濮之战前,郑文公又投靠楚国,将郑国军队交给楚成王统率。如今晋国大胜,郑文公担心晋文公秋后算账,连忙派人拜见晋文公求和修好。

晋文公出于现实的考量,没有进一步追究对方的过错,他派栾枝进入新郑,与郑文公签订盟约。同年五月初九,郑文公亲自前往衡雍,与晋文公结盟。次日,晋文公将楚国俘虏献给天子,同时又献上兵车一百乘、步兵一千人。

郑文公抓住机会讨好晋文公,他担任相礼,用周平王接待晋文侯的礼

---

❶ 今河南省新乡市原阳县附近。
❷ 践土,即古荥泽,今河南省郑州市古荥镇。

12 践土会盟——晋国称霸的起点

节规格，主持了整个流程。

五月十二日，周天子设宴款待晋文公，他同时赏赐给晋文公大量象征征伐权力的礼品，并册封晋文公为春秋霸主❶。

晋文公再三推辞后，才跪下接受王命。从此，晋文公成为第二位周王室认定的春秋霸主。

同年，五月二十六日，周襄王号召诸侯前往践土会盟，卫成公因为楚国兵败，心中惶恐不堪，他潜逃到楚国，又辗转逃到陈国。卫成公不敢亲自前往会盟，只能派手下大夫参加。

周襄王以天子名义召开践土会盟，重申立场，明确了天子乃天命所归的历史议题，号召诸侯们向晋文公学习，努力扶助王室。周襄王同时强调，诸侯彼此之间不得相互残杀，否则将会受到神明的惩罚。

与会代表响应时代的号召，纷纷赞同周襄王的发言，并拥护晋文公成为新一代霸主，众人愿意在晋文公的领导下，深入开展扶助王室的工作。

同年冬天，晋文公又号召诸侯们在黄河北岸的温地进行会盟，会盟的主要议题是讨伐不服从晋文公的诸侯国。更直白地说，是晋文公借温地会盟，准备讨伐没有参加践土会盟的卫成公。

因此，晋文公借故将卫成公囚禁，随后他又命卫国大夫回国拥立公子瑕为国君，史称卫中废公❷。晋文公通过这种方式，在卫国扶持了一个亲晋的傀儡政权。

两年后，流亡在外的卫成公来到周王室，求周襄王出手帮助自己复

---

❶ 《左传·僖公二十八年》："策命晋侯为侯伯。"
❷ 历史上卫国有三个废公，卫前废公是公子州吁，卫中废公是公子瑕，卫后废公是公子起。

辟。当时周襄王与晋文公关系密切，由他出面斡旋，晋文公不方便推辞，但不意味着晋文公会放过卫成公。

公元前630年，晋文公暗中联络周王室，准备下毒毒杀卫成公。卫成公提前得知消息，便花费重金，贿赂下毒之人。一般来说，卫成公面前有两条路，一是立刻逃走保命，二是假死保命。

但卫成公硬生生走出了第三条路——他让投毒之人少放点毒，只把他毒到半死。

卫成公死里逃生后，以天命为借口，恳求周襄王替他说服晋文公。卫成公的计谋非常有水平，春秋时代，人们迷信天命，如果某人十恶不赦，被送去祭天，然而这人却侥幸生存下来，当时的人们会认为，他受到了上天的赦免，即使他的罪行再严重，也会被人们赦免。

卫成公毒发，在将死未死之际，神奇地活了过来，在当时的人们眼中，这是神迹的体现。周襄王也顺势劝晋文公说："上天要赦免卫成公，此事就一笔勾销吧"。

于是，卫成公用这场苦肉计，不仅保住了自己的性命，更是抢回了失去的国君之位。他回国后，驱逐卫中废公，重新执掌卫国国政长达三十年。

卫国的命运不过是大国崛起中的衬托。晋文公通过践土会盟和温地会盟，大幅扩大晋国的影响力，然而温地会盟后不久，年迈的晋文公便身染重病。

温地会盟后的第二年夏天，晋国在翟泉召开了新一轮会盟，晋文公缠绵病榻，只能命狐偃代替他主持会盟，史称"翟泉会盟"。

晋国召开会盟有两个目的，一是重温践土会盟中晋国的霸主地位；二是郑国近来在晋楚两国之间摇摆，有亲楚的倾向，于是晋国准备讨伐郑国。

12 践土会盟——晋国称霸的起点

温地会盟后,晋国以郑国亲近楚国而对晋国无礼为借口,联合秦军共同出兵,讨伐郑国。晋文公率军驻扎在函陵❶,而秦穆公则率军驻扎在氾水之南❷。两军距离郑国国都仅一步之遥。

晋、秦两大强军兵临城下,郑国危如累卵。郑国大夫劝谏郑文公说:"如今生死存亡之际,大王您如果派烛之武游说秦穆公,或许会有转圜的余地。"

据说烛之武是郑国三朝元老,一直郁郁不得志。❸

当郑文公召见烛之武为国效力时,烛之武连连摇头拒绝,他说:"我年轻时都没有被重用,如今年迈,我又能做什么呢?"

郑文公明白对方心中有怨气,他道歉说:"我没能及早重用您,如今郑国危在旦夕,我才请您出力,这是我的过错。可若郑国灭亡,您也会被殃及,所以请您出手相助。"

烛之武抱怨归抱怨,在大义面前,他没有逃避,最终同意去游说秦穆公。

当天夜里,郑国守军用绳子将烛之武从城上放下去。烛之武见到秦穆公时说:"秦、晋两国围攻郑国,我们知道将会被灭国。可这件事对您没有好处,您为何兴师动众前来呢?晋国位于秦、郑两国之间,灭郑只会增强晋国的实力。晋国强盛,便意味着秦国相对衰落,您不应该出兵帮助晋国。如果您放弃攻打郑国,郑国将作为您东方的盟友,为秦国往来的使臣

---

❶ 今河南省郑州市新郑以北。
❷ 今河南省郑州市中牟县以南。
❸ 冯梦龙《东周列国志》第四十三回:"考城人也,姓烛名武,年过七十,事郑国为圉正,三世不迁官。"圉正是养马的官员,在小说中,烛之武历经三代国君,却一直是养马的小官,从没有升官,因此对郑国国君心有怨气。

提供帮助。对您来说，有利无害。况且，您曾经对晋惠公有恩，他也曾答应把焦、瑕二邑割让给您。然而，他早上渡河归晋，晚上就筑城拒秦。由此可知，晋国的欲望没有止境。他们一旦吞并郑国，必然会向西对秦国用兵，扩张晋国的疆域。如此一来，您使秦国受损，而使晋国得利，请您三思而后行。"

秦穆公听完，觉得烛之武的话很有道理，于是他与郑国签订盟约，并派杞子、逢孙、杨孙帮郑国守城，自己则率秦师西去回国。

晋军对此措手不及。原本是联秦伐郑的局面，转瞬间变为以一敌二。狐偃对此愤愤不平，他建议晋军出兵伐秦，以惩罚秦穆公背信弃义的举动。

晋文公则否决了狐偃的提议，他说："我不能出兵伐秦。当初若没有秦穆公的帮助，便没有晋国的今天，此事作罢，我们撤兵回国吧。"

这一年，是公元前630年，晋文公最后一次率领晋军出征中原。此后两年，因为晋文公年事已高，身体抱恙，极少出现于史料中。

两年后，即公元前628年冬天，一代霸主晋文公不幸去世，享年六十九岁。晋文公的离世，使楚成王在历史上的身影格外落寞。楚成王凭借一己之力，先后对抗齐桓公、宋襄公、晋文公三位春秋霸主考证参见附录7，而他一生谋求的霸业，却始终没有得到世人的认可。

"城濮之战"对楚国打击很大，战后楚成王致力于整顿楚国内政，直至他去世，楚国再没有机会争霸中原。

13 枭雄垂暮
——楚成王最后的生涯

回顾楚成王的一生,城濮之战前夕,是他执政生涯的鼎盛时期。彼时彼刻,放眼中原大地,各路诸侯纷纷投靠楚国,然而一场城濮之战,令楚成工梦断濮水两岸。

城濮之战充满了偶然性,而断送楚国优势的关键点,是令尹子玉拒不执行楚成王撤兵的军令。这件事也暴露了楚国若敖氏尾大不掉的弊病。

战后,楚成王派使臣告知令尹子玉说:"令尹大人,您违抗楚王之命,一意孤行与晋军作战,最终大败亏输,您若安然归来,又将如何面对楚国的江东父老?"

他的言外之意,便是让对方自尽谢罪。

令尹子玉默不作声,他的儿子成大心则出言打圆场说:"我父亲原本打算自尽,却被我拦了下来。我劝他不要冲动,静等楚王的命令。"

使臣步步紧逼说:"我已将楚王之令带到,令尹大人,赶紧上路吧。"

成大心仍怀着一丝希望回答:"万一楚王改变主意呢?毕竟我楚国也有先例。当年屈瑕攻打罗国战败,他误以为楚武王会命他自尽,屈瑕引颈就戮。楚武王得知屈瑕已死,追悔莫及。"

使臣没再多言,便转身离开。

令尹子玉率残兵败将回归楚国境内,他迟迟没等来楚成王的赦免。令尹子玉很识相,最终自尽谢罪。

令尹子玉之死，不仅归罪于他在城濮之战中的所作所为，更因为此时若敖氏家族的存在，已经严重威胁到楚成王的权力。

晋国和楚国是春秋诸侯国中的两个特例。晋献公执政期间，血洗桓庄之族，导致晋国公族弟子凋零殆尽，在晋文公执政时期，晋国已经没有公室力量可以依靠，因此晋文公设置六卿制度时，任用的卿大夫都是与公族毫无血缘关系的异姓士大夫。

而楚国与晋国截然相反。楚武王于汉阳平原崛起时，若敖氏便随着楚国的崛起而不断壮大。若敖氏身上有着楚王的血脉，他们便是楚国的"桓庄之族"。而从楚武王时代开始，若敖氏在大多数时间里都把持着楚国最高的两个官职——令尹和司马。

若敖氏内部分为斗氏和成氏。在楚成王即位初期，楚国百废待兴，若敖氏的族长斗穀於菟曾毁家纾难，帮助楚成王渡过难关，当时楚国令尹为斗穀於菟，楚国司马则是斗穀於菟的亲弟弟斗子良。随着楚国再次复兴，若敖氏逐渐成长为楚国的参天大树。

斗穀於菟年老后，他推荐族弟子玉接任令尹之位。此时子玉担任司马一职，他晋升令尹后，若敖氏的族人斗宜申继任楚国司马。

令尹子玉执政后，与族弟斗宜申、斗勃曾经在泓水之战中立下战功。若敖氏家族既有私军，令尹子玉又有战功在身。此时，令尹子玉实力之强，连楚成王都要忌惮三分。

楚军在城濮之战中大败，然而令尹子玉却率领若敖六卒全身而退。楚成王身为一代枭雄，他势必会对此做出反应，所以令尹子玉必死无疑。

随后，楚成王做出了进一步调整，他扶持楚国大夫蒍吕臣担任令尹之位。可惜蒍吕臣根基浅薄，难以对抗实力强大的若敖氏，他在与斗勃、斗般、成大心、斗宜申等人的对抗中处于劣势。仅仅一年时间,芳吕臣莫名其妙去世。若敖氏趁机夺回令尹之位,令尹子玉的族弟斗勃出任令尹,因斗勃字子上,历史上又将他称为令尹子上。

楚成王逐渐年迈,他准备立儿子商臣为太子。楚成王寻找令尹子上商议时,对方表示强烈反对。令尹子上劝谏说:"大王,您正值春秋鼎盛,膝下又有众多爱子,您不急于立商臣为太子。万一日后大王改变主意,废黜太子还要多费一番心思。况且商臣外貌凶残,您最好选择其他子嗣。"

楚成王对若敖氏家族太忌惮,他对令尹子上的劝谏置之不理,执意立商臣为太子。商臣得知令尹子上的所作所为后,不由得记恨起对方。

晋文公去世后,继承者晋襄公强势崛起,他利用霸主身份,屡屡派兵讨伐亲楚的诸侯国。公元前627年,天下风起云涌,这一年四月,晋襄公凭借崤之战重创秦穆公,战后,秦穆公开始谋划与楚结盟,对抗晋国。

楚国尚未从城濮之战的阴影中走出,楚成王又忙于解决若敖氏的麻烦,于是秦、楚两国因为共同利益,开启了数百年的秦楚之好。

同年,晋襄公再次出击,他派心腹阳处父率兵讨伐蔡国。蔡国是楚国北上的跳板,楚成王不得不派兵救援。于是令尹子上奉命率领援军北上。很快,晋楚双方对峙于泜水两岸。

僵持一段时间后,阳处父派人对令尹子上说:"晋、楚两军僵持不下,劳民伤财,对谁都不利。如果楚军想战,我便命晋军后撤三十里。您率军渡河站稳脚跟后,我们痛快地战一场,开战时间由您定。如果楚军不想战,那请您让我渡河攻打蔡国。"

令尹子上本想答应对方,然而他的手下劝谏说:"晋军不是宋国,他们太狡猾了,我军不能贸然渡河。万一对方半渡而击,我军必会损失惨重。您如果真想作战,不如下令让我军后撤三十里,放晋军先渡河。"

晋军主帅阳处父见楚军后撤,担心其中有诈,便对外宣布,楚军不战而逃。随后他率领晋军回国。

令尹子上见对面撤兵,蔡国之围已解,也率楚军回国。

太子商臣抓住机会,跑到楚成王面前诬告令尹子上说:"令尹大人接受了晋国的贿赂,因此避而不战,他是楚国之耻,父王,您要严惩他。"

楚成王根本没给令尹子上辩解的机会,直接将他杀死。表面上看,楚成王的这个举动貌似很草率,而实际上,恐怕是楚成王想借这个机会,顺势削弱若敖氏家族的势力。

令尹子上之死,使楚国内部产生了一系列微妙的变化。此后一年的时间内,无人继任令尹之位,这件事,在楚国历史上极为反常。

或许此时,楚成王与若敖氏一族已经势如水火,可是史书上对此没有丝毫的记载,后人只能从蛛丝马迹中推测当时的情况。

当时发生过一件诡异的事情,令尹子上执政期间,楚成王不顾他的劝阻,立商臣为太子。然而令尹子上死后不久,楚成王却莫名其妙地想废黜商臣,改立王子职为太子。其中转变之快,令人匪夷所思。

楚成王不是昏君,一定发生了后人不清楚的事情,使楚成王萌生了废黜太子的想法。更重要的是,这个消息很隐秘,却不知为何走漏了风声,传到了太子商臣耳中。

商臣分不清消息的虚实,他不敢轻举妄动,只好找自己的老师潘崇商量对策。潘崇思来想去,替他想出一个投石问路之计。潘崇对太子商臣说:"您的父王和您的姑姑江芈关系密切,您可以试探一下江芈。"

江芈是楚文王之女,曾经下嫁到江国,因此史书上称她为江芈。在

13 枭雄垂暮——楚成王最后的生涯

召陵会盟后，齐桓公为了制衡楚成王，曾经拉拢过江国和黄国。从那时候起，江芈就成了江国的弃子。由于楚成王和江芈的感情十分深厚，后来楚成王把江芈迎回楚国。

按照潘崇的推测，如果楚成王有废太子的打算，江芈多半会听到风声。太子商臣觉得有道理，便设宴招待江芈。在席上，商臣不断地挑衅对方。江芈不知是计，忍无可忍地痛骂商臣说："你这个贱人，怪不得王兄要杀你而立王子职。❶"

这句话泄露了楚成王的秘密。太子商臣听后心惊肉跳，他找到潘崇说："父王不仅想废了我，恐怕还要杀我，老师，我应该怎么办？"

潘崇问他："您甘心受死吗？"

太子商臣摇头说："我不甘心。"

潘崇又问："那您愿意流亡他国吗？"

太子商臣还是摇头："我也不愿意。"

潘崇最后问："那您想不想成大事？"

潘崇口中所谓的成大事，便是指弑君篡位。

太子商臣思量后，狠心回答说："我可以。"

同年冬天，太子商臣集结东宫侍卫，突然发难，包围楚成王的宫殿。

楚成王一生纵横四海，他的对手都是春秋霸主一级的人物。他万万没想到，太子商臣会突然逼宫。楚成王身为一代枭雄，有着临危不乱的心理素质，他对儿子说："事已至此，你让我最后吃一顿熊掌再死吧。"

太子商臣思考片刻，果断拒绝了楚成王最后的请求。

---

❶ 《左传·文公元年》："呼，役夫！宜君王之欲杀女而立职也。"

楚成王最后的请求，并非荒唐之举。在春秋时期，烹饪熊掌的工序十分复杂，据考证，制作熊掌需要三天时间。

而太子商臣的这场逼宫之所以能取得奇效，关键在于"出其不意"四个字。因此，楚成王的本意并不在于吃熊掌，而是用这种方式来拖延时间，谋求变数。太子商臣看穿了父亲的计谋，于是果断拒绝了他的请求。

公元前626年十月十八日，一代枭雄楚成王在宫中自缢，结束了他波澜壮阔的一生。楚成王死后，商臣曾想以"灵"字作为父亲的谥号，以泄心头之恨。"灵"字是千古恶谥，楚成王的尸首双目圆睁，死不瞑目。商臣无奈，只能将父亲的谥号改为"成"字，楚成王这才把眼睛闭上。❶

楚成王死后，太子商臣自立为楚王，史称楚穆王。

吊诡的是，楚穆王即位之初，立刻将成大心提拔为新任令尹。成大心的身份并不简单，他是若敖氏的族人，更重要的是，他是令尹子玉的儿子。

后人可以认为，楚穆王弑君篡位后，需要强大的若敖氏支持，因此封成大心为令尹，但结合城濮之战后发生的几件事，或许背后隐藏着另外一个答案。

楚军在城濮之战中战败，若敖氏的私军，若敖六卒则全身而退。楚成王逼令尹子玉自尽后，扶持蒍吕臣为新令尹，仅一年时间，蒍吕臣莫名去世。令尹之位重归若敖氏家族。楚成王不顾令尹子上的反对，立商臣为太子。可是在泜水之战后，楚成王杀死令尹子上，此时令尹之位空缺长达一年之久。令尹子上死后不久，楚成王便要废黜商臣的太子之位，最终商臣组织东宫侍卫逼宫，弑君篡位。

---

❶ 《左传·文公元年》："丁未，王缢。谥之曰'灵'，不瞑；曰'成'，乃瞑。"

13 枭雄垂暮——楚成王最后的生涯

在这一系列事件中，存在几个问题：令尹子上死后，楚成王为什么不任命新的令尹，反而让令尹之位空缺一年多时间？楚成王对待废黜太子，为什么前后转变得那么剧烈？太子商臣仅仅凭借东宫侍卫便完成了弑君篡位，楚成王宫中的侍卫为什么没有抵抗？若敖氏为什么没有平乱？太子商臣篡位成功后，为什么又立刻封成大心为令尹？

如果太子商臣与若敖氏一族勾结，那所有问题便会有一个合理的解释。令尹子上死后，楚成王苦于没有合适的人选出任令尹之位，他更不想让若敖氏的族人继续成为令尹，导致令尹之职一直空缺。随后太子商臣勾结若敖氏一族，使楚成王萌生了废黜太子的想法。而太子商臣弑君篡位时，若敖氏对商臣的所作所为默许纵容，因此，商臣成为楚穆王后，便提拔成大心作为令尹。

无论真相如何，都不能改变事实。公元前626年，楚穆王登上了历史舞台，而百年晋楚争霸，则刚刚开始。

14 崤之战
——影响深远的秦晋之战

公元前628年冬天,年迈的晋文公结束了传奇的一生。他的儿子姬骧即位,史称晋襄公。晋襄公的母亲逼姞是晋文公的原配,按理来说,姬骧应该是晋文公的嫡长子。

晋文公在外流亡十九年,最后他凭借秦穆公的支持克复晋国,所以晋文公将秦穆公之女文嬴立为正室夫人。文嬴后来又为晋文公生下一位子嗣,名为公子乐。晋文公去世时,公子乐年幼,晋国群臣便立姬骧为国君,即后来的晋襄公。

晋文公与秦穆公一同伐郑时,烛之武游说秦穆公退兵,秦穆公与郑国结盟,并留下杞子、逢孙、杨孙三人帮助郑军守城。

因为地缘问题,秦、晋两国接壤,而当年周襄王将制地以东的土地封给晋国后,晋、郑两国也接壤。随着晋国的强大,秦国和郑国有了远交近攻的外交基础。烛之武退秦师后,秦国和郑国的关系开始越走越近。

在晋襄公为父亲服丧期间,时任郑国国君的郑穆公,将国都新郑的北门钥匙,交到杞子等三位秦将手中。不料杞子派人将消息报告给秦穆公,并建议秦穆公出兵偷袭郑国。

从秦都雍城到郑都新郑,距离长达七百公里,途中更是翻山越岭,跋山涉水,艰难险阻无数。

秦穆公拿不定主意,便向朝中元老蹇叔征求意见。蹇叔回答说:"远

14 崤之战——影响深远的秦晋之战

征之事不可行，我们的行军路线太长，但凡有一点风吹草动，便会走漏风声。一旦郑国有所察觉，他们必然会加强防范，我们很难抢占先机偷袭得手。况且秦军贸然偷袭，无论成功与否，都会失去郑国这个盟友。"

秦穆公心有不甘，此时他已经即位三十余年，眼看着晋国一步一步强大，秦国却始终不能入主中原。如今晋文公去世，晋国新君正在服丧，正是秦军逐鹿中原的好时机。最终秦穆公点将孟明视、西乞术、白乙丙三位将军，率军远征郑国。

其中白乙丙是蹇叔的儿子，而孟明视则是五羖大夫百里奚的儿子。❶

蹇叔得知消息后，心中一片冰凉。于是他在秦军开拔前，找到主将孟明视哭诉说："我能看见大军出征，却看不到他们归来了。"

大军远征在即，人们往往会说武运昌隆之类的吉言。蹇叔却说有去无回的丧气话，孟明视自然心生不满。但蹇叔是孟明视父亲百里奚的至交好友，又是他同袍白乙丙的父亲，于是孟明视碍于情面，没有反驳蹇叔。

秦穆公可就不管那么多了，他派人对蹇叔说："你懂个屁，你早点去死比较好，这样你坟头上的树就有双手合抱那么粗了。"❷

---

❶ 白乙丙是子姓，蹇氏，名丙，字白乙，因此人称白乙丙。同样，孟明视是姜姓，百里氏，名视，字孟明，史称孟明视。根据小说《东周列国志》的描述，西乞术也是蹇叔之子，然而王引之的《春秋名字解诂》中记载，西乞术实则是"术一作遂。西氏，名术，字乞"，他不是蹇叔之子。

❷ 《左传·僖公三十二年》："尔何知? 中寿，尔墓之木拱矣。"由于《左传》成书年代久远，后人对这句话有不同的翻译。"尔何知"可翻译为"你懂什么"，"尔墓之木拱矣"可以翻译为"你坟头上的树木有双手合抱那么粗"，但是"中寿"一词，后人有不懂的观点，一说"中"为去声，意为满，即寿命已满，该去世了。另一说"中寿"意为中等寿命。由于此时蹇叔已经年近古稀，因此中寿意味着早死。笔者采用后一种解释。另，秦穆公这句辱骂之言，与网络用语"坟头草一米多高"有异曲同工之妙。

蹇叔被秦穆公痛骂后，无从还口。但蹇叔在送别时，抱着儿子白乙丙痛哭流涕说："晋军一定会在崤山抵御你们，崤山有两座山头，南山头是夏王皋的坟墓，北山头是周文王避过风雨的地方。你们一定会战死在这两座山之间，但是你不要怕，我会替你收尸的。"❶

蹇叔所言，并非杞人忧天。秦国地处西北，若想东出黄河征伐中原，崤函古道是秦军的必经之地。此时崤函古道北面，在晋国的控制中，而秦军这次远征，自然惊动了晋国高层。

晋襄公年轻气盛，他对秦军过境非常不满，晋国群臣对此也意见不一，由于事发突然，晋国还没来得及反应，秦军已经顺着崤函古道直抵洛阳盆地，他们距郑国仅一步之遥。

很多人对秦军此次远征持悲观态度，周王室的大夫王孙满，同样不看好秦军。他观察到秦军散乱的军容军貌，断言秦军必败。

历史充满了巧合，郑国有一位大商人，名叫弦高。他原本要去成周雒邑贩卖商品，在半路上刚好遇到了秦国远征军。弦高得知对方为偷袭郑国而来，心急如焚。因为事发突然，弦高不仅要将情报送回国都，还需要拖住秦军，为郑国争取防守的时间。

所谓商场如战场，成功的商人大多很精明，弦高也不例外。他摸爬滚打多年，对世事有着独到的见解。如今之际，弦高急中生智，想出了一个绝妙的对策——他派人为秦军送上四张熟牛皮，又以犒劳秦军的名义，送了十二头牛。

弦高对秦军主将孟明视说："我们郑国国君听说秦军途经敝国，特地

---

❶ 此为《蹇叔哭师》的典故，出自《左传·僖公三十二年》。

派我送来补给。小小心意,不成敬意。"

弦高的对策很高明,他用话术引导对方,让对方误以为秦军偷袭的计划败露。孟明视果然中计,他对弦高的话信以为真。

弦高一边拖住秦军,一边派人快马加鞭向国君传递消息。郑穆公收到情报,当即派人秘密监视留守郑国的杞子等三人,结果发现,这三人早做好了逃跑的准备。郑穆公心头火起,下令将三人驱逐出境。

秦军远征而来,后勤补给是个大问题,偷袭计划暴露,他们强攻没有胜算,围城更没有胜算,按史书中的说法,叫作"攻之不克,围之不继"。可秦军千里驰行,就这么空手而归,回国无法向秦穆公交代。因此孟明视决定,率军攻打滑国。

滑国实力弱小,在秦军面前不堪一击。一战过后,他们消失于历史长河中。谁都没有想到,滑国的灭亡,引出了另外一件事。

滑国最开始游走在郑国和卫国之间。晋文公强势崛起后,通过践土会盟,树立了诸侯间的新秩序。从此,滑国便全面倒向晋国,成为晋国的附庸。

如今晋国上下正为晋文公服丧,秦国却越境灭亡了晋国的附庸。这件事比秦军过境更严重,在晋国群臣中引起很大的争议。

先轸是主战派的代表,他说:"秦军远征而来,粮草不济,这是天赐良机,我晋国绝不能放纵敌人,否则后患无穷。"

先轸的原话是,"敌不可纵,纵敌患生",可谓铿锵有力。

栾枝则是绥靖派的代表,他说:"秦穆公对先君有恩,我们现在却要对秦军用兵。此事欠妥,晋国不能因为先君刚刚去世便忘恩负义。"

两人围绕着打还是不打,展开了激烈的论战。最终,先轸占据上风。他说:"晋国先君去世,秦国不仅没有哀悼,反而趁机灭亡了姬姓诸侯国。秦国无礼在先，大义有亏。所作所为与往日的恩情无关。况且一日纵敌，数世之患，我们为晋国子孙考虑，这一战也必须打。"

先轸和栾枝两人的意见，并没有对错之分。攻打秦军的风险大，如果晋军战败，先君晋文公留下的霸业，有可能会转瞬成空。不过一旦晋军取胜，将会免去许多后患。与此同时如果纵容秦军过境，日后秦军卷土重来，晋国将后患无穷。

对任何人来说，这都是一个艰难的抉择，更何况晋襄公即位不足一年，他的压力巨大。所幸，晋襄公是一位胆识过人的雄主，当初秦军过境时，他便有心伏击秦军，如果现在任由秦军回国，他将丧失良机<u>考证参见附录8</u>。

最终，晋襄公顶住压力，他决定支持先轸，伏击秦军。为求胜利，晋襄公甚至调动与晋国关系密切的姜戎参与此次伏击秦军的作战行动。

由于晋国正处于治丧期间，晋襄公下令全军将丧服染黑，自此，晋国以黑色的丧服为风俗。晋襄公亲自率领晋军，与姜戎之军一起前往崤函古道，埋伏班师回国的秦军。

晋军主攻，他们在崤山隘道的西口及南北两侧高地埋下重兵，等待秦军到来。姜戎部队则负责阻击，他们埋伏在崤山隘道的东口南面，在秦军遭遇伏击后，从后方切断秦军的退路。

当秦军路过险峻无比的崤山隘道时，晋军发动了这场精心策划的伏击战。秦军猝不及防，死伤无数，孟明视、西乞术、白乙丙三人被俘。历史上将这一战称为崤之战。

崤之战有一定的偶然性，但这一战的发生，又是历史的必然。只要秦国有争霸中原的野心，秦晋之间就必有一战。这场春秋时期的著名战争，标志

14 崤之战——影响深远的秦晋之战

着秦晋之好的终结,也让秦穆公的争霸大业埋葬于苍茫的崤函古道间。

当人们用更宏观的角度回顾崤之战时会发现,这场改变春秋历史走向的战争,还曾激荡出一圈圈涟漪。

当年晋文公为谋求秦国支持,曾迎娶秦穆公之女文嬴为夫人。文嬴是一个非常优秀的政治人物,她将一生都奉献给了秦国。

在晋襄公羁押孟明视等三名俘虏回归晋国后,文嬴请求晋襄公将三人释放。晋襄公并没有在意,他答应文嬴的请求,命人将秦军俘虏释放。

第二天上朝时,先轸向晋襄公询问俘虏下落时,晋襄公如实相告。

先轸怒不可遏,愤愤不平地训斥国君说:"晋军将士在战场上拼死才将他们俘虏。国君怎么能因为妇道人家的一句话便把人给放了?国君您的所作所为,寒了三军将士们的心,晋国距离被灭国也就不远了。"

先轸说完,怒气未消,他不顾君臣之礼,当场吐了口唾沫。❶

晋襄公恍然大悟,顿时追悔莫及,连忙派老师阳处父去追孟明视等人。

当阳处父乘车追上孟明视等人时,对方已然登船,正渡河而去。阳处父见为时已晚,但心有不甘,便解下马车的车套,手牵骏马对孟明视等人说:"我们国君担心诸位回程路途遥远,特地命我前来赠送骏马,请诸位上岸领取。"

阳处父以骏马为诱饵,只要对方回头上岸,他便立刻派手下再次俘虏对方。孟明视识破了这个计谋,但他并没有当场揭穿对方,而是跪下叩首说:"晋君留下我们的性命,我等感激不尽。此行回国,纵然秦君将我们

---

❶ 《左传·僖公三十三年》:"不顾而唾。"后人对这四个字有不同的理解,有人将"不顾"解释成不管不顾的意思,意为先轸不管不顾,吐了口唾沫。笔者认为,"不顾"解释为扭过头不去看,更为贴切,即先轸扭过头不看晋襄公,并且吐了口唾沫。

治罪处死，我们也不会忘记晋国的大恩。若我们托晋君之福，侥幸被秦君赦免，三年后，我将拜谢晋君之恩。"

孟明视这番话的言外之意是，我有今日，都是拜晋襄公所赐，他日必会复仇。说完，他头也不回渡河而去。

秦穆公真是一代明君，他穿着白色的丧服，在郊外等待远征的将士归来。当孟明视一行人抵达秦都时，秦穆公老泪纵横地说："寡人悔恨没有听从蹇叔劝告，让诸位将军受辱了。这是寡人之罪，寡人绝不会因此抹杀你们的功绩。"

秦军将士听罢，心中五味杂陈，众人在城下抱头痛哭。为了对抗晋国，秦穆公开始向楚国释放善意，他努力促进两国友好关系，在随后的春秋历史中，秦、楚合作大于分歧，两国在一定范围内，结成了一种特殊的利益共同体。

崤之战的惨败，令秦军元气大伤，秦穆公隐忍了两年后，再一次命孟明视领兵攻打晋国，一雪前耻。

晋襄公是晋国新一代明主，他面对来势汹汹的秦军，再次表现出强大的战略决断力。晋襄公不仅没有慌乱，相反，他采取主动出击、御敌于国门之外的战略，亲自率领晋军中军出征，先声夺人攻入秦军境内彭衙，史称彭衙之战。

公元前625年二月初七，秦、晋两军在彭衙交战，晋军的中军将先且居与中军佐赵衰配合默契，大败秦军，取得了彭衙之战的胜利。

因为孟明视曾在黄河边上立下豪言，他说三年后将拜谢晋君所赐。这一次，孟明视再次战败，晋军便讥讽来犯的秦军称为拜赐之师。

彭衙之战中，有很多不为人知的细节。比如先且居和赵衰之间的渊源比人们想象得更深。史书对先且居记载不多，但在彭衙之战时，他担任着晋国六卿中头把交椅的职位。

先且居是名门之后，他与父亲先轸一同参加了城濮之战，并且有非常出色的表现，让军中将士对他另眼相看。晋文公率军凯旋后，赵衰向晋文公推荐先轸担任六卿之首的中军将之职。不久后，晋国上军将狐毛去世，赵衰又因为先且居在城濮之战有优异表现，向晋文公推荐他继任上军将之职。

晋国六卿以中军将为首，之后的顺序为中军佐、上军将、上军佐、下军将、下军佐。先轸父子二人分列中军将和上军将，他们能在六卿之中分别占据第一和第三的高位，赵衰功不可没。

从过往的渊源和现实的官位分析，当时先氏与赵氏之间的关系一定相当密切。

在崤之战结束以后，先轸因为晋襄公释放孟明视等战俘的事情，怒骂国君，并不顾而唾。晋襄公没有怪罪先轸，反而郑重向先轸道歉。在先轸冷静以后，对自己所做的无礼之事，深深地自责。

同年八月，白狄部落首领趁晋国国丧之时，出兵攻打晋国。当年晋襄公刚即位，他果断反击，在箕地打败来犯的敌军，晋军更是俘获了白狄人的首领，史称箕之战。

在晋军大捷之时，先轸自责对晋襄公无礼，他自罚冲入敌军阵中，最终战死沙场。晋襄公被先轸感动，便让先且居接替先轸之职，担任晋国六卿之首中军将，而赵衰则担任中军佐之职。

基于这段渊源，在彭衙之战中，晋军主将之间非常团结默契，这为取得胜利奠定了基础。除此之外，还有一个将领，同样是晋军取得彭衙之战的关键人物，这个人名为狼瞫，他与主将先且居也有些渊源。

事情的起因要从崤之战说起。当时晋襄公在战场上抓到一名秦军的俘虏，他命自己的车右莱驹斩杀对方。可晋襄公杀红了眼，还没等莱驹归来，便继续向前冲杀。

谁也想不到，那个秦军俘虏临死前大喊一声，将莱驹吓得一激灵。莱驹手中兵器也被吓得掉在地上，狼瞫恰好在旁边，他上前捡起兵器，斩杀了秦军俘虏。

这一耽搁，晋襄公的战车已经远去，如果没有车右，晋襄公在万军丛中会很危险。在千钧一发之际，狼瞫抓起莱驹，大步流星追上晋襄公的战车。晋襄公很欣赏狼瞫的勇猛，便让狼瞫接替莱驹，成为车右。

狼瞫的命运跌宕起伏，在几个月后的箕之战中，先轸认为狼瞫不够勇敢，罢免了狼瞫车右之职。狼瞫非常沮丧，他从中军帐中出来后，找朋友聊天散心。对方为狼瞫鸣不平，对狼瞫说："不如你我二人杀了先轸吧。只要出了这口恶气，即使是死，我们也要死个轰轰烈烈。"

狼瞫并没有同意，他回复了七个字，死而不义，非勇也。大意是，如果死得不合道义，那也是不勇敢。

到了彭衙之战，狼瞫展现出了非凡的勇气，他身先士卒，率领两百部下，杀入秦军阵中，以死相搏，斩杀秦兵无数。秦军顿时阵脚大乱，晋军则士气大振，先且居抓住战机，下令全军出击，最终晋军大胜而归。[1]

彭衙之战是崤之战的余波，在这一战中，晋襄公仅以中军部队，便取得大胜，可见当时晋军之强。

---

[1] 在《左传·文公二年》中，左丘明评价狼瞫为君子，即"怒不作乱，而以从师，可谓君子"。意为狼瞫在盛怒之下，仍能克制自己，没有作乱，反而依靠勇气征战沙场，他可以被称作君子。

14 崤之战——影响深远的秦晋之战

同年冬天，晋襄公为报复秦军入侵，命中军将先且居挂帅，同时又联合宋国、郑国、陈国的军队，一同讨伐秦国。这次报复行动以晋军大胜而告终，战后晋军夺取彭衙和汪地❶。

短短三年内，秦、晋两国互相征伐三次，晋襄公取得了三战三胜的战绩。事情发展至今，崤之战的余波还没有结束。

秦军将领孟明视牢记战败之耻，他竭尽全力辅佐秦穆公，秦国秣兵厉马，随时准备报仇雪恨。

晋襄公取得对秦国的压倒性优势后，将目光转向了南方，开启了新一轮的晋楚争霸。公元前624年，晋襄公以沈国投靠楚国为由，联合宋、鲁、陈、卫一同讨伐沈国。

秦穆公趁晋军南下之际，亲自挂帅出征，东征晋国，一雪前耻。秦穆公率军渡过黄河后，下令烧毁船只，以求背水一战。秦军士气高昂，势如破竹般攻取晋国的王官和郊地❷，史称王官之战。

晋襄公面对两线作战的不利局面，这一次他选择闭门不出。秦军远征而来，难以久战，秦穆公求战不成，只能无奈退兵。不过在回师路上，秦穆公率军绕道前往当年崤之战的战场，命人埋葬了在崤之战中阵亡的大秦英魂，随后才率兵回国。

晋襄公秉承先轸"一日纵敌，数世之患"的战略方针，并没有放纵秦国。在王官之战的同年秋天，晋襄公缓过一口气，率军西征，兵困秦国的邧地和新城❸，以报秦国攻占王官之仇。

---

❶ 两地都位于今山西省渭南市白水县附近。
❷ 王官即今山西省运城市闻喜县附近，郊地位置不明，笔者推测应在不远处。
❸ 两地都在今陕西省渭南市澄城县附近。

从崤之战开始，此后数年，秦、晋两国交手五次，晋襄公以四胜一负的战绩，占据上风。

在春秋时代，由于生产力低下，秦国所在的关外没有得到良好的开发，那里是一块贫瘠的苦寒之地，秦国国力积弱，难以与晋国抗衡。晋国则凭借表里山河的地理优势，牢牢控制着崤函古道。

秦穆公以及春秋时代的秦君们意识到，晋国是秦国通往中原的天堑。从此，秦国对争霸中原之事心灰意懒。在崤之战尘埃落定后，秦穆公也调整了战略重心，秦国开始征伐西部地区的众多戎狄部落，这为后世秦国争霸天下奠定了基础。❶

---

❶ 《左传·文公三年》记载："遂霸西戎。"同时，《史记·秦本纪》记载："（秦穆公）三十七年，秦用由余谋伐戎王，益国十二，开地千里，遂霸西戎。"

15 子承父业
——晋襄公争霸中原

晋文公半生颠沛，直到年过花甲，才执掌晋国国政，然而晋文公在短暂的国君生涯里，以令人难以想象的速度，使晋国迅速崛起，一跃成为春秋强国。

在晋文公与世长辞后，他留给新君晋襄公一个强大而危机四伏的霸业。晋襄公即位仅仅数月，秦军便堂而皇之地东进中原，视晋国如无物。晋襄公当机立断，在崤函古道埋伏秦军，扼杀了秦国争霸的野心。而扼制秦国东进，并非晋襄公执政的唯一亮笔。晋襄公也曾频频逐鹿中原，在他不懈努力下，晋国霸业更上一层楼。

放眼整个春秋时代，晋、楚、齐、秦无疑是四个最强的诸侯国。崤之战结束后，晋襄公便将目光放在了齐、楚两国上。

齐国远在东海之滨，与晋国相距甚远。晋国要想扼制齐国，则需要扶持一个强力的盟友，而鲁国便是晋国在东方的天然盟友。如何控制鲁国，成为晋襄公制衡齐国的关键。

鲁国因为地缘问题，这几十年来与齐国的关系一言难尽，在晋襄公即位前，鲁国国君是鲁僖公，他在公元前659年即位，执掌鲁国三十多年。鲁僖公完整地经历了齐楚争霸、宋楚争霸以及晋楚争霸三个时代。而鲁国在不同时代，采取了不同的外交策略。

当齐桓公称霸中原时，鲁僖公秉承父亲鲁庄公的外交策略，坚定地加入齐国主导的会盟。在齐桓公去世后,齐国内乱,宋楚争霸悄然上演,鲁僖公很快抛弃齐国,走上了依楚制齐的道路,在城濮之战前夕,鲁僖公甚至向楚国借兵伐齐。

然而城濮之战改变了这一切。晋文公大破楚军后,鲁僖公果断改变外交战略,鲁国的外交策略也从依楚制齐改为联晋制齐。

巧合的是,晋襄公即位的同年,鲁僖公去世,鲁国新君鲁文公登上了历史舞台。鲁文公执政初期,对外交事务并不上心。在晋襄公取得彭衙之战的同一年,鲁文公没有去晋国朝觐。晋襄公以此为由,准备兴兵讨伐鲁国。

鲁文公不敢得罪晋国,只能亲自前往晋国。同年四月十三日,晋襄公有意降低使臣级别,以羞辱鲁国,于是派阳处父与鲁文公结盟。

此次结盟的双方,地位并不对等,尽管阳处父曾是太子之师,但他并没有担任六卿之职。一边是臣子,另一边是国君,鲁国对此非常不满,史官更是在《春秋》中直言:"及晋处父盟。"以表示厌恶反感之情。

同时,《春秋》中并没有记载鲁文公前往晋国之事,《左传》对此有解释,春秋史官们用隐晦的笔法传递出一个信息,鲁文公去晋国后,曾被扣押下来,没能回鲁国。在这一年,晋、鲁两国的关系一度有些紧张,后人从春秋史官的记事立场上,也可以察觉出一二。

那一年冬天,晋襄公为报复秦军发动的彭衙之战,联合宋、陈、郑三国一同出兵伐秦。晋国先且居、宋国公子成、陈国陈辕选、郑国公子归生四人分别担任各自的主将。然而《春秋》却故意没有记录他们的名字,《左传》给出的解释:这是因为鲁国史官尊重秦国。❶

---

❶ 《春秋·文公二年》:"冬,晋人、宋人、陈人、郑人伐秦。"

鲁国对晋国有重大的战略意义，晋襄公的所作所为，小惩大诫的意味很浓。两国关系的转变出现在第二年春天。公元前624年春，晋襄公准备以沈国投靠楚国为由，联合众多诸侯国征讨沈国。此时，鲁国三桓之族的后裔叔孙得臣也率鲁军参与了伐沈之战。

同年冬天，晋襄公投桃报李，向鲁国释放出善意。晋襄公以去年晋鲁结盟的人员不合礼数为由，郑重其事地邀请鲁文公前来晋国重新结盟。

鲁文公在收到邀请后，不知是福是祸，可他又不敢不去。无奈之下，鲁文公带着叔孙得臣一同前往，毕竟叔孙得臣曾率兵与晋军联合征伐沈国，一旦事情有变故，叔孙得臣或许可以从中游说。这一次，晋襄公亲自宴请鲁文公君臣，并且礼数十分周全。在宴席上，晋襄公还赋诗称赞鲁文公为君子❶。

鲁文公与叔孙得臣也表现得十分有诚意，宴会之上，宾主尽欢，随后晋鲁正式结盟。这次结盟对春秋的政治格局影响深远，与此同时，齐桓公时代的齐国霸业，也难以重见春秋。

当年齐桓公在管仲的扶持下，将鲁国和宋国发展成自己坚定的盟友，齐、宋、鲁三国多次联合出兵，这才奠定了齐桓公九合诸侯、一匡天下的霸业。假如齐、鲁两国结盟，他们再吸纳宋、卫、曹、邾等国家成为盟友，那么这个联盟便是袖珍版的葵秋会盟，届时春秋晋楚双雄争霸的局面，可能会变成晋、楚、齐三足鼎立。

对晋国来说，齐、鲁两国一定不能联合，否则将动摇晋国的霸业。在

---

❶ 《左传·文公三年》："晋侯飨公，赋《菁菁者莪》。"这首诗被收录在《诗经·小雅》中，该诗应为晋襄公所作，诗中数次提到"既见君子"，即为晋襄公称赞鲁文公为君子。

这种情况下，晋襄公拉拢鲁国的这一步棋，无疑十分高明。

城濮之战因晋国援救宋国而起，在战后，宋国顺理成章地成为晋国的拥护者，如今晋襄公与鲁文公结成盟友，曹、卫、郑、陈等诸侯国也先后倒向晋国。

这一年，是公元前624年，晋襄公西却秦国，南伐楚国，东略齐国，在他的治理下，晋国成为当时第一强国。

晋国正如日中天，谁承想顷刻兴亡过手，两年后，晋国流年不利，遭受了令人无法想象的重创。

16 流年不利
——晋国的六卿之殇

公元前622年，这一年对晋国来说，很邪门。

晋国六卿中，中军佐赵衰不幸去世，随后，上军将栾枝、中军将先且居、上军佐胥臣也先后去世。❶

六卿之首先且居是晋襄公霸业的肱股之臣，赵衰、栾枝、胥臣三人都是参与过城濮之战的重臣，其中赵衰和胥臣二人，更是随晋文公流亡多年的元老。

这四人居于晋国六卿的前四位，却莫名其妙地在同一年去世，这让晋国的统治集团内部出现了权力真空。

不过对晋襄公来说，四位元老的去世，既是坏事，也是好事，由于历史问题，晋国的权力结构非常混乱。

晋文公流亡在外十九年，直到晚年才得以即位，在这漫长的光阴中，他对晋国本土的贵族阶级掌控力并不强。公元前637年冬天，在晋文公归国前夕，栾枝和郤縠前往秦国拜见晋文公。二人此行有两个目的，一是请晋文公回国，二是商讨回国后的权力划分。

---

❶ 《左传·文公五年》："晋赵成子、栾贞子、霍伯、臼季皆卒。"赵成子即赵衰；栾贞子即栾枝；霍伯即先且居，先且居因封于霍，所以又被称为霍伯；胥臣因封于臼，所以也被称为臼季。

晋文公即位后，没有对晋国贵族阶级进行大清洗，他处处隐忍，小心维持着重耳流亡团的势力和本土势力之间的平衡。这也是晋国能迅速崛起的关键。

晋文公的心腹重臣赵衰，为此做出了巨大牺牲。直到公元前635年，晋文公出兵勤王，平定王子带之乱，周天子赏赐他黄河以北的温地等大片土地，晋文公终于有机会，将这片土地分给重耳流亡团的成员，赵衰也是在此时，才有了封地。

公元前633年，晋文公设立六卿制度，这是他第一次对晋国的权力结构进行整合，当时晋文公设置六卿时，郤縠担任中军将，郤溱担任中军佐[1]，这两人是郤氏家族成员，郤氏家族原本就是晋国的重要贵族，在晋惠公时代，因为郤芮有从龙之功，郤氏家族更是迅速壮大。晋文公让郤氏家族之人担任中军将和中军佐，有拉拢晋国本土势力之意。

同时，狐毛担任上军将，狐偃担任上军佐，这两人是晋文公的舅舅。此外，晋文公又任命栾枝担任下军将，先轸担任下军佐。栾枝是在晋文公归国前投诚的晋国大夫，而且他的家世背景很雄厚，栾氏家族在曲沃代翼之时，便开始辅佐曲沃一脉。将脉络梳理清晰后可以发现，先轸是唯一与晋文公没有血脉关系却担任六卿之一的流亡团成员。

在城濮之战时，中军将郤縠去世。晋文公本想提拔赵衰为中军将，而赵衰从大局出发，推荐先轸为中军将。

到了公元前629年，晋文公在清原组织阅兵，他将晋国三军扩充到五军，此时重耳流亡团的重臣赵衰、胥臣等人，才担任六卿之职。历史上将

---

[1] 《国语·晋语》："使郤縠将中军，以为大政。郤溱佐之。"

16 流年不利——晋国的六卿之殇

这一次阅兵，称为清原之蒐❶。因为晋国五军存在时间很短，而且史书中也没有记载五军的战绩，因此人们还是习惯将晋国的制度称为六卿制。

后来晋襄公即位，他没有随父亲流亡，所以晋襄公与重耳流亡团的感情并不深厚。他又是在晋文公即位后才回归晋国的，所以几乎没有时间培植自己的亲信。于是晋襄公选择了最正确的一条路，他倚重晋文公留下的班底，将父亲的政治遗产纳为己用，并且晋襄公一直没有进行大规模的人员调整，如此一来，晋襄公对内完成了权力的平稳过渡，对外则夯实了晋国的霸业。

鉴于晋襄公很有作为，后人评价晋襄公接霸中原，实至名归。

到了公元前622年，六卿中的四位重臣相继离世，这是晋国的损失，但同时也给了晋襄公重组六卿的机会。他决定裁减职位，将五军制改回三军制。

晋襄公原计划为趁重组之际，提拔晋国本土势力出身的士榖、箕郑父、先都、梁益耳等人成为六卿。而且他还想提拔士榖接替先且居，成为新任中军将。

士榖是晋献公重臣士蒍的次子，他在晋文公执政后期，与当时身为太子的晋襄公关系密切。

晋襄公这样做，至少有三个好处，第一，平衡了重耳流亡团及其后代的势力；第二，扶持自己的心腹成为六卿之首；第三，晋襄公可以通过士榖等人，笼络晋国本土势力。

然而重耳流亡团的众人经营多年，他们之间的关系，微妙而复杂。晋

---

❶ 蒐即阅兵之意。

襄公的改革,势必会受到对方的阻拦。

公元前621年春天,晋襄公在夷地❶举行阅兵,他当众宣布裁撤两军,并公布六卿名单。

果然,先且居之子先克跳出来反对说,狐偃和赵衰的功劳不可忘记。我们要善待他们的后人。

一国之君公布重组后的六卿名单,先克却当众反驳,这说明他背后一定有团队支持。先克反对的话术也十分精妙。

先克既没有提爷爷先轸在城濮之战中的功劳,也没有提父亲先且居多年征战的苦劳,他只是说狐偃与赵衰的功劳不可忘记。他这一句话,拉拢了狐氏和赵氏两大家族。狐偃是晋文公的舅舅,赵衰是晋文公的连襟加女婿❷,狐氏与赵氏家族在晋国很有影响力。

晋襄公即位后,采取垂拱而治的策略,一直很倚重父亲留下的元老们。重耳流亡团中有三人是当之无愧的核心,一是狐偃,二是赵衰,最后一位,便是先克的祖父先轸。

先克的话,有意或无意代表了元老们后代的利益,这让晋襄公很头疼。不过晋襄公处事很有分寸感,他没有固执己见,而是采纳了先克的意见,晋襄公让狐偃之子狐射姑担任中军将,让赵衰之子赵盾担任中军佐。值得玩味的是,资历最浅的先克,却担任了上军将之职,这个职位,仅次于中军的二卿,排名第三。

这时候,阳处父正出使卫国,他赶来时阅兵已经结束。阳处父曾经是

---

❶ 夷地,采邑名,未知今地何处。
❷ 在狄国俘获的叔隗和季隗这对姐妹花,分别嫁给了晋文公和赵衰。后来,晋文公也将女儿赵姬嫁给赵衰。因此晋文公和赵衰的关系十分密切。

16 流年不利——晋国的六卿之殇

赵衰的下属，他对赵氏后人有私心。于是阳处父向晋襄公提议，赵盾德才兼备，更适合担任中军将。

在阳处父的推动下，晋军改在董地❶阅兵，而晋襄公也顺势将赵盾改任为中军将，狐射姑则降职为中军佐<u>考证参见附录9</u>。

尽管晋襄公没能如愿以偿，让自己的心腹成为中军将，但他即位不过六年而已，剩下的事，日后可以徐徐图之。

几个月后，秦国的一代明君秦穆公撒手人寰。他的离世，预示着一个时代的结束，这数十年来，齐、楚、宋、秦、晋五国，为了春秋霸主之位，上演了一幕连年混战的大戏。齐桓公、宋襄公、晋文公、楚成王相继陨落后，秦穆公踌躇满志，挥兵东进图霸中原，却不料遇到了晋襄公，最终秦军喋血崤函古道，在之后长达两百多年的时光中，晋国仿佛一座高山，压在秦国东征的路上，使其失去了逐鹿中原的机会。

命运似乎和众人开了一个玩笑，在秦穆公去世后不久，同年八月十四日，晋襄公也与世长辞。晋襄公的执政生涯很短暂，但熠熠生辉，他夯实了晋文公留下的霸业，使晋国成为春秋时代最重要的诸侯国。

唯一遗憾的是，上苍没有留给晋襄公太多时间，他没能彻底梳理六卿制度。晋襄公去世后，晋国便进入了权臣时代，在很多时候，晋国中军将能够与国君分庭抗礼。两百多年后，六卿制度成为晋国之殇。

---

❶ 今山西省运城市万荣县附近。

17 权臣赵盾
——晋国历史上的第一位权臣

晋襄公重组六卿时，赵盾担任晋国中军将之位，从此赵盾开始执掌晋国朝政。他制定国家章程，修订刑罚律令，清理诉讼积案，做出一系列政令法规的变革，之后，他让太傅阳处父和太师贾佗负责执行这些政令。

仅仅半年后，国君晋襄公与世长辞。晋襄公的嫡长子名为公子夷皋，由于他年龄幼小，晋人担心他无法掌控朝政。于是晋国的几位权臣商议，准备拥立一个年长的公子为国君。

赵盾曾经提议公子雍为新君人选。公子雍是晋文公之子，也是晋襄公同父异母的弟弟，他的母亲名为杜祁。晋文公在位期间，杜祁很识大体，从来不在后宫中争宠，因此晋文公非常宠爱杜祁，爱屋及乌，晋文公也十分喜爱公子雍。

晋文公借助秦国的势力克复晋国后，秦、晋两国处于蜜月期，晋文公将公子雍派到秦国做官，以加强秦、晋之间的联系。公子雍品行端正，能力上佳，他在秦国时，上下关系打点得有条不紊，很出色地完成了晋文公指派的外交任务。

到了晋襄公时代，秦、晋之间战事不断，两国的关系降到冰点。如今秦穆公和晋襄公相继离世，赵盾想通过拥立公子雍来改善秦、晋的外交现状。

可晋国先君去世，新君未立，国内各方势力为了争夺权力，不停地钩心斗角。中军佐狐射姑便是其中之一。他原本是中军将，因为阳处父从中作梗，才屈居赵盾之下。如果赵盾顺利拥立公子雍为国君，他必然会得到新君的重用，狐射姑恐怕永无翻身之日。

于是狐射姑反对赵盾的提议，主张拥立公子乐为国君。公子乐是文嬴之子，按照礼乐制度，他是晋文公的嫡长子。而文嬴又是秦穆公之女，曾受到两任晋国国君的喜爱。晋国群臣拥立公子乐，既符合礼法，也能改善秦、晋之间的关系。

赵盾明白狐射姑的用意，他通过贬低文嬴的方式，来打压狐射姑。赵盾说："文嬴地位低贱，在晋文公所有老婆中排名第九，她的儿子在晋国没有威望。再说，文嬴深受两任国君恩宠，是不守妇道的表现，并不值得炫耀。公子雍之母杜祁则不同，当年杜祁先把自己的位置让给逼姞，后来文公流亡时，因为需要狄国的帮助，她又将位置让给季隗，虽然杜祁位列第四，但是威望很高。秦国强大，而且与晋国接壤，公子雍与秦国关系密切，一旦晋国需要帮助，公子雍可以向秦国求助。"

赵盾的这番话有很多漏洞，也很难说服晋国群臣。首先，文嬴被晋文公亲自立为正室夫人，她的身份毋庸置疑。其次，公子雍不过是在秦国为官，而文嬴和公子乐却与秦国血脉相连，文嬴是一个优秀的政治人物，她与秦国的关系，比公子雍更密切。

因此，赵盾有弄权的嫌疑。

赵盾和狐射姑各执己见，晋国内部逐渐生出乱象，赵盾派先蔑和士会前往秦国迎接公子雍，先蔑是先轸的弟弟，也是先克的叔爷，他当时身为六卿之一，担任下军将一职，可见赵盾对公子雍的重视。狐射姑不甘落后，也派人前往陈国迎接公子乐。

赵盾和狐射姑准备废弃太子另立他人的举动，引起了不少朝臣的不满。

先蔑出发前，下军佐荀林父曾经劝他不要去，荀林父说："夫人和太子都在晋国，你却要到国外迎接其他公子，此事不可行。你不如借口生病不去，以免日后因此遭受牵连。再退一步，你派别人去也好，为何要亲自前往呢？我辅佐你执掌下军，你我二人是同僚，我这都是为你好。"

先蔑不听，他认为迎接公子雍回国是从龙之功，对自己将来的仕途大有裨益。

在先蔑和士会启程前往秦国时，赵盾则派杀手伏击公子乐，并成功将其杀死。

狐射姑千算万算，没想到赵盾下手如此之狠。狐射姑很快做出反击，当年阳处父从中作梗，让他与中军将之位失之交臂。赵盾执政后，阳处父负责执行赵盾的政令，又成为赵盾的左膀右臂，如今旧怨再添新仇，狐射姑便派人刺杀了阳处父。

赵盾能成为权臣，自然有过人之处。他很快查出凶手，并将凶手绳之以法。狐射姑得知消息后，担心赵盾伺机报复，便扔下妻儿老小，独自逃往狄国避难。

赵盾并没有打算放过狐射姑，相反，他想出了一个借刀杀人的毒计。他派狐射姑的仇人臾骈将对方的家人送往狄国。

臾骈是赵盾的家臣，当年夷地阅兵时，狐射姑曾经当众羞辱过臾骈，因此两人结仇。赵盾了解臾骈的秉性，他知道对方心高气傲，一直寻找机会报仇。所以在赵盾的计划中，一旦臾骈找到狐射姑，他必会出手取对方的性命。

果然，臾骈接受命令后，他的手下打算将狐射姑的一家老小全部杀

17 权臣赵盾——晋国历史上的第一位权臣

死，以报仇雪恨。❶

不料臾骈是一名真正的君子，他阻止手下说："不可，祸不及妻儿。"❷

最终臾骈将狐射姑的家人安全送离晋国。

虽然赵盾的计划落空，但他还是如愿以偿地挤走了对手。狐射姑流亡后，先克晋升一位，担任中军佐之职，坐上了六卿中的第二把交椅。

从晋文公时代起，赵氏与先氏便渊源深厚，赵盾与先克搭档，令当时晋国内无人能与赵盾抗衡。

此时公子雍已经踏上了归途。公子雍在秦国的人缘确实不错，他回国前，得到了秦康公的鼎力支持。❸

当先蔑和士会抵达秦都迎接公子雍时，秦康公说："当年文公回国时，带的护卫不多，差点被吕甥和郤芮暗害，我多派一些步兵，护卫你回国。"公子雍、先蔑、士会三人率领秦军，踏上了东归晋国之路。

原本一切按部就班地推进，偏偏事情又起波折。太子夷皋的母亲穆嬴不甘心儿子的国君之位被夺，所以每天都抱着太子在朝堂上哭闹。❹

穆嬴对晋国群臣说，先君何罪之有，太子又何罪之有，你们抛弃嫡长

---

❶ 《左传·文公六年》："臾骈之人欲尽杀贾氏以为报焉。" 晋文公即位后，封狐射姑到贾地，因此狐射姑又被称作贾季，贾氏即狐射姑的家人。

❷ 《左传·文公六年》："敌惠敌怨，不在后嗣。"

❸ 秦康公即太子罃，是秦穆公和秦穆夫人的嫡长子，有一半晋国血统。

❹ 按照春秋史书记载的规则，穆嬴应该为嬴姓。而嬴姓为秦国国姓，因此有穆嬴为秦国之女的说法。然而，《说文解字》记载："嬴，少昊氏之姓。"《史记·秦本纪》同样记载："秦之先为嬴姓，其后分封，以国为氏，有徐氏、郯氏、莒氏、终黎氏、运奄氏、菟裘氏、将梁氏、黄氏、江氏、修鱼氏、白冥氏、蜚廉氏、秦氏、赵氏。然秦以其先造父封赵城。"可见以嬴为姓的国家众多，而有关穆嬴的史料太少，难以确定她的身世来历。

子不顾,反而到国外迎接其他公子,那太子将如何安置?

她在朝堂上哭闹后,又抱着太子夷皋来到赵盾府上。穆嬴跪倒在地,向赵盾磕头说:"先君曾将太子托付给你,他说如果太子成才,这是您赐予的恩惠,如果不成才,我将会怨您。如今先君去世,言犹在耳❶,您怎么能置他于不顾呢?"

穆嬴能忍辱负重,充分地展现了一位母亲为儿子的付出,令人感动至深。可惜国君无家事,很多时候,情感在权力面前,总显得苍白无力。

史书记载,赵盾和晋国群臣都害怕穆嬴哭闹,并且害怕穆嬴的逼迫,因此背着先蔑拥立太子夷皋即位,史称晋灵公。❷

很多人认为,赵盾改变主意,拥立太子夷皋即位,是因为太子年幼,便于赵盾摄政。虽然后人不知太子当时多大年纪,但穆嬴能抱着他哭闹,他必然是孩童。

不过,赵盾想要摄政,仅仅是原因之一。在当时,赵盾也确实有惧怕穆嬴的因素存在。一年多以前,晋襄公重组六卿时,曾打算提拔士縠、箕郑父、先都、梁益耳等人成为六卿,这些人是晋襄公的心腹,晋襄公已死,但这几人仍然健在,他们想拥立晋襄公的子嗣为国君,姑且将他们称为太子党。

赵盾执政后不久,重耳流亡团便出现分化,狐偃后人远逃狄国流亡。如果赵盾一意孤行拥立公子雍,恐怕晋国内部将会失控。在各方势力的博弈下,晋灵公才得以即位。

随着晋灵公的即位,新的问题接踵而来,公子雍、先蔑、士会三人在

---

❶ 《左传·文公七年》:"今君虽终,言犹在耳。"成语"言犹在耳"便出自此处。
❷ 《左传·文公七年》:"宣子与诸大夫皆患穆姬,且畏逼,乃背先蔑而立灵公。"赵盾谥号为宣,故又称赵宣子,文中的"宣子"即赵盾。

秦军的护送下，已经抵达晋国边境。赵盾发兵抵御秦军，上军将箕郑父作为晋襄公的心腹，留守国都。

赵盾和先克率领上军，此前先蔑的副手荀林父，被从下军佐越级提升为上军佐。下军将为先蔑，下军佐为先都。

此时从晋国六卿的名单中，可以分析出晋国内部斗争的结果。赵盾、先克、先蔑三人是重耳流亡团出身❶，箕郑父和先都却是晋襄公的心腹。至于荀林父，他虽然劝先蔑不要迎接公子雍，但也很难认定他是太子党。

即使不考虑荀林父，这份六卿名单，也能从侧面反映出晋国内部形成了一种微妙的平衡。

秦康公仅派步兵护卫公子雍，实力远不及晋军。赵盾则秣兵厉马，夜袭秦军，在令狐❷击败对手，史称令狐之战。

战后，先蔑和士会逃到秦国避难。荀林父念及同僚之情，派人将先蔑一家老小以及器用财物全部送往秦国。

随着晋灵公即位，赵盾也开启了自己的权臣之路。

在令狐之战结束后，那年八月仲秋，赵盾以晋国新君即位为名，号召齐昭公、鲁文公、宋成公、卫成公、陈共公、郑穆公、许昭公、曹共公在扈地会盟。在这场声势浩大的会盟中，其他诸侯国的国君亲自到场，唯有赵盾代表晋灵公主持会盟。

春秋的礼乐制度有严格的等级之分，赵盾出席并不符合规矩，而其他诸侯对此并无异议，由此可见赵盾权势之强。

---

❶ 先蔑选择拥立公子雍，此时下军将之位应是空缺。
❷ 今山西省运城市临猗县西南。

赵盾执政后，先克身为中军佐，又是赵盾的心腹，他利用手中的权势，不断地打压太子党。

太子党众人与先克有旧仇，当年先克从中作梗，让他们无缘六卿之位。如今先克步步紧逼，让两方人马的积怨越来越深。

不久后，先克又强抢蒯得的田地，太子党众人积压已久的怒火终于爆发。公元前618年正月初二，箕郑父、先都、士縠、梁益耳、蒯得五人合谋，派杀手暗杀了先克。

先克之死，为赵盾提供了一个绝佳的动手借口。他毫不手软，以雷霆手段展开了对太子党的清洗。正月十八，赵盾派人杀死了先都和梁益耳。两个多月后，赵盾又杀了箕郑父、士縠和蒯得三人。尽管后人将这一事件称为五将乱晋，但回顾前因后果，赵盾与这件事有莫大的关系。

在短短两个多月的时间里，晋国中军佐先克，上军将箕郑父，下军佐先都相继被杀，下军将先蔑在秦国流亡。六卿之中，仅有赵盾和荀林父在位，晋国必然要重组六卿。

此时晋灵公年幼，赵盾独掌大权。他通过这次重组，彻底清洗了晋襄公留下的班底。赵盾本人担任中军将，荀林父按顺序被提升为中军佐，郤缺担任上军将，赵盾家臣臾骈担任上军佐，栾枝之子栾盾担任下军将，胥臣之子胥甲担任下军佐。

荀林父在城濮之战时，为晋文公驾驭战车，他能从六卿最后一把交椅爬升到第二，有很大的运气成分，与四年来晋国六卿重臣大量去世密切相关。郤缺和栾盾所在的家族，一直是晋国境内的大贵族，胥甲与赵盾相同，都是重耳流亡团的后裔，臾骈是赵盾家臣，赵盾提拔他为上军佐，有替先克之子先縠占位之意。

17 权臣赵盾——晋国历史上的第一位权臣

公元前627年，先轸去世，五年后，先且居去世，四年后，先克去世。短短九年时间，祖孙三代在地府黄泉团圆。可想而知，先縠的年纪很小，无法担任六卿之职。

时值春秋乱世，赵盾专权对晋国霸业造成了毁灭性打击。无论赵盾如何勤于政事，他终究身为人臣，春秋有着严格的身份等级之分，诸侯国君们不可能对赵盾信服。

秦、楚两国最先察觉到晋国的弱点，在赵盾弄权期间，两国趁机行动。

公元前615年，秦康公派西乞术出使鲁国，并向鲁国权臣东门襄仲献上国宝级别的圭玉，告诉对方秦军准备出兵伐晋，一雪令狐之耻。

东门襄仲早已投靠晋国，面对秦国的贿赂，他不为所动。东门襄仲谢绝秦国的重礼说："您不忘与先君的友好，来鲁国访问，我们鲁国不敢接受您赠送的宝物。"

东门襄仲的言外之意是，我不愿意参加秦国伐晋之事。

西乞术回答说："区区一块圭玉，不值得您辞谢。"

东门襄仲的立场很分明，他再三推辞，西乞术无法说服鲁国出兵，只能按照规矩，走完出使流程，归国向秦康公复命。

鲁国不愿出兵，并没有改变秦康公的计划，同年冬天，秦康公依然出兵伐晋，秦军攻下羁马❶。

赵盾没有纵容秦国，他亲自统领晋国六卿，全军出征，在河曲应战来犯的秦军，这一战，史称河曲之战。

上军佐臾骈建议："秦军远征而来，不耐久战，我们用深垒固军之策

---

❶ 今山西省永济市以南。

可以退敌。"❶

　　臾骈的计策，戳中了秦军的软肋。秦康公急于求战，准备放手一搏，攻击晋军。然而在开战前，秦康公心神不定，他又找到士会，询问有没有破敌之策。

　　士会原本是晋国大夫，当年因为令狐之战，滞留在秦国。士会聪明绝顶，对晋国又很了解，他回答说，赵盾重组六卿时，新起用了他的家臣臾骈。这应该是臾骈出的计谋，他准备拖住我军，将我军耗到精疲力竭。我军如果强攻，反倒中了他的计。赵盾有一个族弟，名为赵穿，他是晋襄公的女婿，又深受赵盾的喜爱。赵穿年少无知，对沙场征战一无所知，却又狂妄自大，最重要的是，赵穿很讨厌臾骈，他经常和臾骈作对。如果您派一些勇敢而意志不坚定的人搞突袭，或许可以引诱赵穿出兵。

　　秦康公用人不疑，他采纳了士会的对策，在十二月初四，下令秦军突袭。赵穿果然中计，他率兵追击，却没有追上。

　　赵穿回营后，勃然大怒，他抱怨说："大军出征，是为了与敌人决战。敌人就在眼前，我们还等什么？"

　　军吏回答说："臾骈将军打算消耗敌军的精力，我们还是要等一等。"

　　赵穿讨厌臾骈，听到这个火上浇油的回答，他怒不可遏地说："我不懂你们的计谋，我准备独自出击。"

　　说完，赵穿率领他的部下，出阵攻击秦军。

　　赵盾得知后，大惊失色，他很在意赵穿的性命，不仅没有追究赵穿违反军令之罪，还想办法保全赵穿。他说："如果秦军俘虏赵穿，等同于俘

---

❶ 深垒固军，意为加高防御壁垒，坚守阵地。

获一个卿大夫，他们大胜而归，我们无法向晋国百姓交代。"

赵盾说完，便下令全军出战。秦军见对方气势如虹，没敢交战，双方刚一接触，便各自退兵。

当天夜里，秦康公派使臣前往晋军军营中说："两国军队还没有分出胜负，请明日再战。"

臾骈暗中观察使臣，发现对方眼珠转得很快，声音失常，他据此推断，秦军想要逃跑。于是臾骈建议说，将秦军逼到黄河边，让他们无路可逃，晋军一定能取胜。

赵穿领着胥甲堵在军营门口，大声呼喊："我们还没有为战死的同袍收尸，这是不仁。没有到确定时间就出击，而且把别人逼到险地，这是不义。"

他们这一闹，晋军只能停止出击。秦军果然如臾骈所料，连夜逃跑。

由于士会很有才能，赵盾担心秦国重用士会，他召集六卿开会说："士会在秦国，狐射姑在狄国，这都是晋国的隐患，我们应该怎样应对？"

荀林父说，请让狐射姑回国吧，他了解外面的事情，而且狐氏先辈对晋国有功。

赵盾听完皱起眉头，他曾与狐射姑不死不休，自然不愿让对方回国。郤缺恰逢其时地发言说，狐射姑喜欢作乱，而且罪孽深重，不如让士会回国。士会能屈能伸，足智多谋，而且没有犯过错。

郤缺的话说到了赵盾的心坎上，他当即决定迎回士会。可是士会已经在秦国久居六年，深受秦康公的器重，恐怕秦国不会放人。

晋人想出一条妙计，他们让魏寿馀❶假装率领魏地之人叛乱，然后赵盾

---

❶ 毕万的后人，魏犨的近亲。

再扣押魏寿馀的妻子和儿女，让他夜里逃走。

魏寿馀逃到秦国后，向秦康公哭诉自己的悲惨遭遇，并请求将魏地并入秦国。秦康公不知是计，便答应了对方的请求。

魏寿馀在秦国的朝会上，寻找机会，踩了一下士会的脚，示意士会与他一起回晋国。不久，秦康公率领军队驻扎在魏地隔河相对的河西之地，等待接收魏地。

魏寿馀又对秦康公说："大王，请您派一个晋国来的大夫，而且能和魏地官员对话的人，我与他先去和对方沟通一下。"

按照魏寿馀的描述，只有士会符合条件，秦康公便让士会与魏寿馀一起过河。

士会拒绝说："大王，晋人和豺狼虎豹无异，如果他们食言，不允许下臣回来，臣一死，恐怕妻子和儿女也会被诛杀。这对您没有好处，您到时候后悔也来不及。"

秦康公猜到了士会的顾虑，他承诺说："万一晋国真的食言而肥，不放你回来，寡人会将你的妻子和儿女送还给你，如果寡人违背誓言，必受河神的惩罚。"

结果士会跟随魏寿馀过河后，晋人因为得到士会而欢呼，前呼后拥地将士会接回去。

秦康公在河西看傻了眼，这是肉包子打狗，有去无回啊。不过他刚对河神发过誓，古人信奉鬼神之说，秦康公不愿违背誓言，所以送还了士会的妻子和儿女。

楚国与秦国不同，他们更在意称霸中原。所以在这一时期，楚国卷土重来，频频出征北上。

18 横扫六合
——楚穆王的开疆拓土

晋襄公去世,成为晋楚争霸的转折点。当赵盾借五将乱晋的契机,奠定他的权臣之位时,楚国大夫范山向楚穆王建议:"晋国国君年幼,无心称霸诸侯,赵盾不过是一个善于弄权的臣子,他没有资格称霸。这对我们楚国很有利,大王,您可以图谋一番,北上称霸。"

楚穆王心怀逐鹿中原的梦想,因此他毫不犹豫,集结军队大举北上。首先被楚国用来祭旗的国家是春秋中后期著名的苦主——郑国。在公元618年春天,楚军从狼渊出兵❶,以迅雷不及掩耳之势,闪击郑国,楚军大胜,并且俘获了公子坚、公子龙以及耳乐。这三人之中,数公子坚的身份最特殊,他是国君郑穆公之子。

郑国惨遭祸事,却没能引起晋国群臣的重视。相反,鲁国大夫东门襄仲却为抗楚援郑之事积极奔走。

东门襄仲是鲁庄公的次子,也是鲁僖公的兄弟,他在鲁国的辈分和声望很高。东门襄仲也经历过齐楚争霸、宋楚争霸、晋楚争霸三个时期,所以他的政治嗅觉很敏锐。自从晋国奠定霸业后,东门襄仲非常坚定地走上了联晋路线。

东门襄仲费了九牛二虎之力,联络晋国赵盾以及宋国、卫国、许国等

---

❶ 今河南省许昌市以西。

诸侯国前来援郑。援军拖拖拉拉抵达郑国之日，为时已晚，郑穆公早已向楚国投诚。

赵盾在晋国霸业上的不作为，让楚国尝到了甜头。楚穆王没有停歇，同年夏天，他再次北上中原，兵锋直指陈国。此前陈国近乎和蔡国共同进退，只有少数时间不在同一阵营。在晋文公后期以及晋襄公时代，陈、蔡两国出现了分歧，蔡国依然投身楚国阵营，而陈国则倒向了晋国。

陈、蔡两国是楚国北上中原的桥头堡，楚国强势的时期，一定会控制陈、蔡两国。楚穆王想争霸中原，必会伐陈。很快，楚军势不可当地攻克陈国的壶丘，两个月后，在这年秋天，楚军又兵分两路，息公子朱率军从东夷之地攻打陈国。

息公是息县的最高官员，他从东夷之地出兵，事出反常，更反常的是，这一战楚军战败，公子茷被陈军俘虏。

陈国以弱胜强，居然在战场上打败了气焰嚣张的楚国。

战报传来，楚穆王很意外："这陈军非但不投降，还敢向我军还手。"

陈国国君陈共公更意外，他举目四顾心茫然，陈军单独对阵楚军，能够打平便是一个神话，能打赢那是一个笑话。

陈共公没有丝毫的喜悦，他担心楚国的报复会更猛烈，于是陈共公派人前往楚国求和，而且姿态摆得很低，他们以求和为借口，主动向楚国投诚。

楚穆王仅用一年时间就拿下了郑国和陈国，这让楚国一扫城濮之战的颓势，有了再次争霸中原的资本。

让人意想不到的是，晋国似乎对楚国北上中原之事漠不关心，赵盾并没有救援晋国的盟友，不知为何，他选择向西伐秦。

公元前417年春天，晋军伐秦，攻取少梁地区。少梁是河西之地的重要渡口，这里是梁国故地，在秦穆公时代被秦军攻取。

秦军很快展开报复行动，同年夏天，国君秦康公亲自率兵，攻取了北徵❶。

秦、晋两国互相攻伐，本是楚国北上的好时机，偏偏在此时，楚国爆发了若敖氏之乱❷。

早在楚成王执政后期，若敖氏家族尾大不掉，成为楚国的权力毒瘤。而当年楚穆王弑君篡位，若敖氏家族之人更有推波助澜的嫌疑。

公元前617年五月，若敖氏家族的斗宜申和子家二人，合谋弑杀楚穆王。斗宜申是楚国重臣，曾经担任楚国司马，也曾在城濮之战中担任楚军左翼统帅的职位。

史书上没有记载子西弑君的动机，但不难推断，这是楚王与若敖氏家族矛盾激化的表现。楚穆王得知子西的阴谋后，用雷霆手段斩杀了子西和子家。

楚穆王平定内乱后，在楚国的息县会见陈共公、郑穆公二人，商议会盟之事。同年冬天，楚穆王联合郑穆公、陈共公、蔡庄公三位国君，在厥貉集结人军❸，准备出兵讨伐宋国。

宋国重臣华御事为了保住社稷，劝谏国君说："楚国伐宋无非是要我们臣服，百姓是无辜的，为了避免战火，我们不如主动臣服于楚国。"

自从华父督拥立宋庄公以后，华氏家族一直是宋国的大贵族，华御事又是华父督的孙子，身份极为尊贵。时任国君宋昭公对华御事言听计从，

---

❶ 今陕西省渭南市澄城附近，距离少梁约70千米。
❷ 若敖氏之乱是一系列历史事件的总称。
❸ 今河南省周口市项城。

同意了对方的劝谏。

华御事亲自前往厥貉迎接楚穆王，他代表宋国向楚国投诚。同时，华御事作为向导，带领楚穆王前往孟诸打猎❶。

春秋时期，有时候打猎也是一种军事演习。楚穆王的这次打猎，军事性远大于娱乐性，他打算用这场打猎，震慑中原诸侯。楚军的将领们也不敢大意，他们在战前就开始了排兵布阵。

楚穆王坐镇中路，宋昭公统率右阵，郑穆公统率左阵。同时，楚穆王下令，众人明天一早带上取火工具，驾驶兵车烧山打猎。

结果谁也没想到，宋昭公违反了军令，他的战车在打猎时乱窜，扰乱了阵形。楚穆王此行，本来就有立威之意。楚军中负责军法的大夫申舟，便打算依照军令，严惩宋昭公。他身为楚国大夫，与一国之君的身份相差悬殊。按照礼乐制度，申舟不可以惩罚宋昭公，但他倚仗楚国之势，在全军面前鞭打了为宋昭公驾车的车手。

宋昭公颜面扫地，宋国上下将此事引以为奇耻大辱，并记恨上了楚国大夫申舟。这件事，也为日后埋下了伏笔。

赵盾在晋国清洗太子党的两年光景中，楚穆王以势不可当之势，横扫郑国、陈国、宋国。晋国却因为内斗，没能扼制住楚国崛起的势头。

楚穆王的作为，远不止如此。公元前616年，楚国攻克麇国。麇国的地理位置存疑，有人说在今湖北省西北部，有人说在今陕西省境内，因为湖北和陕西接壤，因此，麇国应该位于我国的中西部地区。

崤之战结束后，秦、楚两国走上了联手对抗晋国的道路，楚穆王攻克

---

❶ 今河南省商丘市附近。孟诸距离宋国国都很近。

18 横扫六合——楚穆王的开疆拓土

麇国,可以让秦、楚两国的联系更加紧密。

一年后的公元前615年,江淮地区的群舒作乱❶,楚穆王派新令尹成嘉率军镇压,并且成功俘虏了舒国国君、宗国国君。此后,楚军趁胜攻打巢国,将楚国势力进一步推至江淮地区。

赵盾在晋国弄权期间,中原无霸主,楚穆王仅用了四年,北服郑、宋、陈、蔡,西灭麇国,东征群舒,以横扫八荒的气势,奠定了楚国的战略优势,让楚国重新回到争霸擂台上。

公元前614年,令人荡气回肠的楚穆王不幸去世。回顾楚穆王的一生,他的是非功过,无法一言以蔽之。楚穆王通过弑君篡位,成就楚王之尊。而他开疆拓土,又为楚国立下汗马功劳。正是他的所作所为,扭转了城濮之战败北的颓势,才有楚庄王"一鸣惊人"的壮举。

---

❶ 武王伐纣后,皋陶后裔受封在江淮建立了舒国、舒庸国、舒蓼国、舒鸠国、舒龙国、舒鲍国、舒龚国七国,合称群舒国,实际上,这七个国家是联合在一起的一个军事集团。

19 "一鸣惊人"
——楚庄王即位后的辛酸三年

在人们的印象中,楚庄王执政之初,声色犬马,纸醉金迷,一副昏君的做派。直到三年后,楚庄王听从大夫们的劝谏,才"一鸣惊人"<u>考证参见附录10</u>。

实际上,楚庄王远没有人们想象的那样潇洒,在他即位前后,楚国发生了一系列巨变,这些事件背后的根本原因,是楚国贵族之间的权力斗争。

楚王与若敖氏家族由来已久,早在城濮之战时,若敖氏之人令尹子玉便公然抗命,导致楚军饮恨城濮。楚成王之死,也与若敖氏脱不开关系。

楚穆王执政后期,若敖氏的子西和子家二人更有弑君的企图。楚穆王及时发现对方的阴谋,并开始着手整顿若敖氏的权力。但当时楚国的令尹和司马两个最高官职,仍然把持在若敖氏家族手中,担任令尹之人,依然是前令尹子玉的儿子成大心,而司马之职则落在斗克手中。

当年楚穆王弑君后,亲手提拔成大心为令尹,这些年成大心为楚穆王南征北战,立下了汗马功劳,从来没有过失。如果楚穆王想从他手中抢回令尹之位,需要师出有名。

巧合的是,公元前615年,成大心去世。楚穆王终于等到了机会,他想

⑲ "一鸣惊人"——楚庄王即位后的辛酸三年

要提拔自己的弟弟公子燮为新任令尹❶，可惜他没能如愿以偿，成大心的弟弟成嘉成为新任令尹。

从公元前664年的斗穀於菟开始，楚国历代令尹分别是子玉、蒍吕臣、斗勃、成大心、成嘉，其中蒍吕臣仅仅在位一年，便郁郁而终。

楚穆王死后，整治若敖氏的重任，便落在了楚庄王肩上。当时楚庄王不足二十岁，他的对手非常强大，而他能依靠的心腹，只有太傅公子燮，仅凭这点力量，难以对抗若敖氏。

这时候，若敖氏家族中的一个人，进入了楚庄王的视线，他便是司马斗克。

斗克的经历非常复杂。早在二十多年前，即公元前635年，秦穆公、晋文公曾经一同出兵讨伐楚国的属国鄀国。鄀国距离申县和息县不远，于是当时斗克身为申公，与息公屈御寇率地方部队戍守边境商密，以抵抗秦国军队。最终楚军战败，斗克和屈御寇被俘。

斗克在秦国生活长达八年之久，随后秦军遭遇崤之战惨败，秦穆公调整了外交策略，从原先的秦晋之好逐渐转向秦楚之好。公元前627年，秦穆公为斗克举行了隆重的欢送仪式，希望斗克能代秦国向楚国求和。

当时晋襄公在位，晋国如日中天。秦、楚两国有了联合抗晋的需求。公元前621年，斗克作为使臣前往秦国与秦穆公会谈。

---

❶ 《国语》将公子燮记为王子燮。如果将楚国看作与周王室同等的政权，王子燮便是楚王之子，如果将楚国只看作东周王朝的诸侯国，他的名字理应是公子燮。同时，《国语》还记载，"昔庄王方弱，申公子仪父为师，王子燮为傅"，王子燮至少比楚庄王年长一辈，因为楚成王在位四十余年，王子燮极有可能是楚成王之子，即楚穆王的兄弟。

秦穆公热情友好地接待了斗克，二人就秦、楚两国历史问题进行了深入友好的交谈，双方最终达成求同存异、和平共处的共识。秦穆公请求以丹、黄之水为界，确定两国的边界，斗克以秦、楚友好为原则，愿回国替秦穆公游说楚王。❶

斗克和秦国有很深的渊源，楚国又需要联合秦国对抗晋国，所以斗克回国后的第二年，便担任了楚国司马这一重要官职。

据说，若敖氏因为斗克曾经战败，曾经排挤斗克，楚庄王即位后，他拜斗克为太师，这个举动或多或少都有分化若敖氏的用意。

事情很快出现转折，公元前613年，令尹成嘉和楚大夫潘崇为了彻底平定群舒，决定率楚军出征，而公子燮与斗克，刚好负责镇守郢都。

二人趁楚军出征之际，迫不及待地加固郢都城池，同时，他们做出了更大胆的决定，派刺客前去刺杀令尹成嘉。可惜刺客没有得手，更让对方知道了他们的企图。

同年八月，公子燮和斗克担心令尹成嘉报复，挟持楚庄王一同逃往商密。商密的位置很有趣，它位于秦、楚两国边境，距离申县不远，是当年斗克抵御秦军的城池。值得人深思的是，公子燮和斗克与楚庄王关系比其他楚国大夫更亲近，他们又没有叛乱的动机。即使二人真的叛乱，也没有理由挟持楚庄王一同外逃，他们种种不合理的举动，为这场叛乱蒙上一层迷雾考证参见附录11。

---

❶《清华简·子仪》中记载了斗克出使秦国的过程，由于出土竹简缺失，学者们只能推断大义。《清华简·子仪》记载："公曰：'仪父，嬴氏多丝，缙而不续，给织不能；官居占梦，渐永不休；台上有象，樛枳当楮，竢客而谏之。'子仪曰：'君欲乞丹、黄之北物，通之于殽道，岂于子孙若？臣其归而言之。'"

19 "一鸣惊人"——楚庄王即位后的辛酸三年

当众人逃到庐地时，公子燮和斗克被当地大夫诱杀，楚庄王获救，得以重返郢都。同年，令尹成嘉莫名其妙去世，斗穀於菟之子斗般，成为新任令尹。

楚国深陷多事之秋，对晋国来说，这是一个好机会。公元前612年，赵盾派郤缺统领上下二军，南下讨伐蔡国。

蔡国不同于郑、宋、陈等诸侯国，他们臣服于楚国后，一直是楚国坚定的盟友。对楚国来说，蔡国也是他们北上中原的门户，历代楚王逐鹿中原时，都是以蔡国为跳板。时任蔡国国君蔡庄侯没有轻易投降，他一边抵御晋军，一边派人向楚国求救。楚庄王虽然年轻，但并不气盛，他没有贸然出兵援助，而是选择弃车保帅。

毕竟楚国近些年动荡不安，新君即位仅一年，便发生了内乱。救援蔡国的话，楚军将会面对春秋霸主晋国，鹿死谁手尚不可知，一旦楚军重蹈城濮之战的覆辙，那将是楚国难以承受之重。

蔡国苦等援军，却以失望告终。蔡庄侯迫于无奈，只能与郤缺签订城下之盟。战后第二年，蔡庄侯悲愤而亡。

而此时，楚国的厄运才刚刚开始——楚国遭遇了大灾荒。史书记载，公元前611年，楚人饥。

能记于史册的饥荒，后果都相当严重。在楚国遭遇天灾时，戎狄趁虚而入，侵袭楚国。他们首先攻打楚国的西南国境阜山❶，随后驻扎于大林。❷

楚国饥荒之下，无力抵挡，戎狄稍事休整后，紧接着攻打楚国的东南

---

❶ 今湖北省十堰市房县以南。
❷ 大林地理位置不详，一说在今湖北省荆门市，一说在当阳市。两地相距不远，在当时属于楚国腹地。

国境阳丘❶。

戎狄的肆虐引起了连锁反应，楚国的属国庸国率领群蛮叛楚。❷庸国叛乱又引出了新的麻烦，麇国人也率领百濮作乱。❸

天灾人祸同时爆发，令楚人焦头烂额。朝中群臣甚至有了迁都的念头。

此时，蒍贾反对说："不行，我们能去的地方，敌人也会尾随而至，一味地避战只会后患无穷。麇国以为楚国遭受饥荒，无法出兵，才趁火打劫，只要他们得知楚军出征，一定会撤退。我们不如派兵攻打庸国，如此一来，既能平定庸国，又能威慑麇国撤退。"

虽然楚庄王仅仅即位三年，但他并没有慌乱。楚庄王果断采纳了蒍贾的建议，而且他的做法更稳妥。

楚庄王命人将申县和息县的北门关闭。这两个地方是南阳盆地的入口，他用封城的方式，抵御北方潜在的威胁，接着，楚庄王又派兵讨伐庸国。

一切如蒍贾所料，在楚国出兵的十五天后，麇国和众多百濮部落果然撤退。由于楚国遭受饥荒，能调动的兵力有限，所以楚军征讨庸国的兵力不足，他们不仅败给庸国，更是被庸国追赶得鸡飞狗跳，楚军将领子扬窗被俘。

子扬窗被囚后的第三天晚上，他寻找到机会，从敌军阵营中逃了出来。不过子扬窗被俘期间，刺探到了重要的军情。他察觉到庸国的军队庞大杂乱，而且群蛮的士兵也都聚集在庸国城池中。他逃回去后，立刻将军情上报，并建议楚庄王出动嫡系军队，合兵后围攻庸国。

---

❶ 阳丘地理位置不详，后世有人以阳丘为姓，应是阳丘先祖以封邑为氏。

❷ 群蛮是指散居在荆楚的蛮夷，庸人率领的是他们附近的众多蛮夷。

❸ 百濮则是指散居在江汉地区的蛮夷部落。

19 "一鸣惊人"——楚庄王即位后的辛酸三年

楚国大夫潘尪当场否决了他的建议,因为楚国正处于饥荒时期,缺少军粮,无法调动大军。同时,潘尪建议对庸国使用骄兵之计,楚军与对方交战时,故意败走,等对方心生轻视,再一举击溃对方。

楚庄王对如何平乱,心里已经有了定数,他准备灭了庸国,以儆效尤。而且,楚庄王想得更长远,在这种危急时刻,他没有向若敖氏求助,而是派人偷偷前往两个盟国求援,一个是经常与楚国一同出征的巴国,另一个便是楚国新盟友秦国。

楚庄王的老师斗克与秦国渊源极深,当年公子燮与斗克刺杀令尹成嘉失败后,逃往商密。这里距离秦国边境只有一步之遥,如果令尹成嘉率兵追杀,斗克可以向秦国借兵。

此时,楚庄王抛弃若敖六卒不用,却跑去秦国借兵,这是一个耐人寻味的细节。楚庄王计划好一切,便按照潘尪的建议,命楚军佯装败退。

楚军按照计划,与庸国以及群蛮短兵相接,创造了七战七败的不胜神话。庸人见楚军不堪一击,他们志得意满,将楚军视为丧家之犬。

此时,楚庄王却亲自挂帅,在临品与盟军会师❶,随后率军自抵战场。

群蛮见楚庄王以雷霆之势杀来,顿时心生畏惧,他们向楚军投降,并与楚庄王结盟。庸国则中了骄兵之计,误以为楚军不堪一击,结果被楚庄王突袭得手。最终庸国被灭,消失于历史的长河中。

这一年,是公元前611年,恰好是楚庄王即位后的第三年。在这三年中,楚庄王有太多的辛酸往事,若敖氏把持朝政、楚国内乱、公子燮和斗

---

❶ 今湖北省十堰市均县附近,丹江口不远处。此地在当年秦穆公与斗克商定的秦、楚分界线附近。

克被杀、晋国伐蔡、大饥荒、戎狄入侵、庸国叛乱、麇国叛乱。

而这一战,也是楚庄王执政后的首战。他在兵力不足时,敢于弃用若敖六卒,最终借兵以雷霆之势平定叛乱,可谓一鸣惊人,只不过这个过程远没有人们想象的轻松。

从韬光养晦到有所作为,楚庄王凭借灭庸之战,在春秋的政治舞台上站稳了脚跟。不久后,楚庄王将矛头对准了若敖氏一族考证参见附录12。

20 若敖氏之乱
——楚国权力臃肿的弊病

楚庄王稳定楚国政局后,便着手整治若敖氏一族,芳贾是这一过程的关键人物。芳贾及其父亲芳吕臣,与若敖氏的纠缠由来已久。

当年楚国令尹斗穀於菟想让位给弟弟子玉时,为芳吕臣曾提出反对意见,斗穀於菟以子玉有功于社稷,强行将令尹之位传给子玉。

令尹子玉上任后,行事风格与斗穀於菟截然不同。之前斗穀於菟治军宽厚,而令尹子玉治军十分苛刻,他曾经用一整天的时间阅兵,以鞭刑责罚七名士兵,又用长箭刺穿三名士兵的耳朵。

很多人认为令尹子玉身具军威,斗穀於菟为楚国举荐良才有功,设宴向斗穀於菟道喜。在宾主尽欢时,芳贾迟到,而且当众浇了一盆冷水。他说,子玉性格急躁,既不适合治国,也不善于用兵,子玉率军规模超过三百乘兵车,一定会打败仗。堂堂楚国令尹,不能指挥大规模会战,这是楚国之忧,没什么值得庆贺的。

当时芳贾年仅十余岁,斗穀於菟听完很不高兴,当场训斥芳贾是黄口小儿,胡言乱语。后来令尹子玉果然在城濮之战中惨败。

战后,楚成王扶持芳吕臣担任令尹之位,可惜芳吕臣在若敖氏的打压下,仅仅一年后便郁郁而终,从此芳贾与若敖氏便结下了血海深仇。

楚穆王弑父篡位之事,背后有若敖氏的影子。楚穆王执政初期,他比较倚重若敖氏一族,芳贾在楚穆王时代,郁郁不得志。

随后楚庄王即位，芮贾受到重视，从此他的官位步步高升。到了公元前611年，芮贾担任楚国工正的官职，这个职位相当于后世的工部侍郎，二品或者从一品的官位。

庸国等众多叛乱平定后，芮贾数次污蔑令尹斗般意图谋逆，楚庄王以此为借口，杀掉了令尹斗般。

斗般死后，若敖氏的斗越椒接替楚国令尹之位，而芮贾则升为楚国司马。令尹是楚国百官之首，司马次之。在长达五十年的时间中，若敖氏不仅掌控着令尹之位，也控制着司马之位。

楚国有史可查的第一位司马，是斗子良。这人是斗穀於菟和斗子玉的弟弟，之后斗子玉、斗子西、斗克相继出任楚国司马一职。直到芮贾的出现，才打破了若敖氏家族对司马官职的垄断。

此外，楚国统治集团的关系网，比人们想象得更紧密，新任令尹斗越椒，正是楚国首任司马斗子良的儿子。

若敖氏一族内部，曾因为斗越椒的出生而产生过分歧。当时斗穀於菟非常不喜欢斗越椒，他认为这孩子有熊虎之状，豺狼之声，即俗话所说的狼子野心。因此绝不能留下斗越椒的性命，否则日后若敖氏将会因斗越椒而亡。❶

可是虎毒不食子，斗子良不忍心杀死亲生儿子。从此，斗穀於菟视斗越椒为心腹大患，他在去世前，仍对此念念不忘，曾召集族人留下遗言，如果日后斗越椒执政，若敖氏一族要速速离开楚国。

---

❶ 《左传·宣公四年》："必杀之！是子也，熊虎之状而豺狼之声，弗杀，必灭若敖氏矣。谚曰：'狼子野心。'是乃狼也，其可畜乎？"成语"狼子野心"便出于此处。

20 若敖氏之乱——楚国权力臃肿的弊病

斗穀於菟没有预料到，若敖氏经过数十年发展，早已在楚国根深叶茂，他们不可能因为斗穀於菟的一句遗言而离开楚国。

随后六年，晋楚争霸再起，楚庄王率军北上，以春秋霸主之威，问鼎中原。

在此期间，楚国令尹斗越椒与司马蒍贾二人越斗越凶，公元前605年，斗越椒终于按捺不住，他率领若敖六卒偷袭，俘获了蒍贾，并将对方囚禁在轑阳❶，而后将其斩杀。

紧接着，斗越椒率若敖六卒，驻扎于烝野❷，正式起兵造反。

楚庄王霸业初成，不愿因内乱而葬送大好局面，他派人与斗越椒和谈，为表示诚意，他愿将楚文王、楚成王、楚穆王的后代，送往若敖氏作为人质。

斗越椒不愿和谈，他拒绝了楚庄王的提议，率军南下作战。无奈之下，楚庄王只能发兵平乱，楚军驻扎于皋浒❸。

斗越椒能征善战，并且以箭术闻名天下。两军交战之时，斗越椒张弓搭箭，射向楚庄王，第一箭飞跃车辕，穿过战鼓的鼓架，钉在了铜钲上。❹

斗越椒一箭落空，紧接着又射出一箭，这一箭又飞过车辕，穿透了楚庄王的战车车顶。

这两箭势如破竹，射得楚车胆寒，一时间众人军心涣散，连连后退。

---

❶ 今河南省南阳市附近。
❷ 今河南省南阳市新野县附近。
❸ 皋浒位置不明，一说位于湖北省宜昌市枝江县附近，一说位于湖北省襄阳市以西。中华书局出版的《左传》持后一种观点。
❹ 古代作战有鸣金收兵的规则，铜钲便用于鸣金收兵。

楚庄王为了稳住军心，当机立断，派人在军中巡讲说，先君楚文王攻克息国时，曾经得到过三支利箭，被乱臣贼子斗越椒偷走了两支。如今利箭全部用尽，众人不必惊慌。

楚庄王稳定军心后，下令全军出击，楚军气势如虹，一举击败若敖六卒。

若敖氏一族已经成为楚国的毒瘤，当斗越椒发动叛乱时，大多数若敖氏族人都随之一同作乱。楚庄王获胜后，若敖氏近乎灭族，斗越椒之子斗贲皇逃往晋国，从此改为苗氏，史称苗贲皇。

斗榖於菟之孙斗克黄刚好前往齐国出使，他在归来途中，路过宋国时，得知若敖氏叛乱的消息。随从劝他流亡，斗克黄说："我奉命出使齐国，必须回去复命。"

他归国交差后，旋即投案自首，请罪赴死。

斗榖於菟曾有毁家纾难的壮举，楚庄王念及这段恩情，不愿让斗榖於菟无后人传承，否则楚人将会寒心。因此楚庄王赦免斗克黄，将他官复原职。

从公元前706年开始，斗伯比第一次出现在史书中，到公元前605年，斗越椒发动的这场叛乱为止，若敖氏一族经历百年兴衰，最终泯灭于历史的长河中<u>考证参见附录13</u>。

21 多事之秋
——中原诸侯的乱象丛生

楚庄王刚刚在国内站稳脚跟,中原诸侯们却进入了多事之秋。

晋灵公年幼即位,如今他已经成为十几岁的少年。这个年纪最容易叛逆,年少权重往往也不是好事,晋灵公便是如此,他的行事作风很荒唐。

史书记载,晋国宫中有一位厨师,在烹饪熊掌时没能煮烂,晋灵公吃起来口感不好,因此大发雷霆,下令将厨师杀死。

当年晋襄公将太子托付给赵盾时曾说:"如果太子成才,这是您赐予的恩惠,如果不成才,我将会怨您"。

晋灵公四岁登基,赵盾理应尽人臣之责,辅佐国君成才,但他没能做到。晋灵公成为昏君,赵盾有很大的责任。

赵盾身为权臣,需要一个言听计从的国君,随着晋灵公进入叛逆期,他越来越反感赵盾把持朝政,长此以往,二人的关系变得势如水火。

赵盾的城府很深,行事也谨小慎微,他一边对晋灵公姑息纵容,一边继续把持朝政。由于晋国君臣不和,随着楚庄王的崛起,晋国在中原的威信渐渐衰落。

在楚庄王扫平叛乱的同年,宋国发生了弑君事件。个中缘由曲折离奇,值得一书。

宋成公之子公子鲍容貌俊美,其祖父宋襄公的夫人想与他私通,公子鲍不肯。襄公夫人并不死心,暗中替他广施恩惠,因此公子鲍逐渐得到了郑国国人的拥护。

公元前611年,襄公夫人见时机成熟,派人杀死了宋昭公,并拥立公子鲍为国君,史称宋文公。

消息传到赵盾耳中,因为晋、宋交好,所以赵盾决定出兵平定宋乱,他派荀林父率军出征,并联合卫国孔达、陈国公孙宁、郑国石楚,一同攻打宋国。联军抵达宋国时,他们得知内情,便承认了宋文公的国君之位。

宋国的弑君事件,只是中原诸侯多事之秋的开端。同年,赵盾号召诸侯会盟。在会盟中,赵盾以郑国与楚国暗中勾结为由,将郑国踢出诸侯联盟。

赵盾的这个举动,有些莫名其妙。当时楚庄王已经平定内乱,而秦、楚两国有联盟抗晋的倾向。楚国休养生息后,必然会北上争霸,到时候,郑国因为地缘问题,一定会成为晋、楚两国的必争之地。

然而考虑到赵盾的性格,这一切似乎也容易理解。郑国曾经多次背叛中原诸侯的会盟,以赵盾的城府和心机,他不相信郑国会对晋国忠诚,如果郑国临阵倒戈,引楚军北上,晋国将遭到沉重打击。

时任国君郑穆公刚即位三年,他得知消息后,感觉很委屈。郑国夹在晋楚之间,自古便是四战之地,郑国与晋国结盟,楚国便会出兵攻打郑国,与楚国结盟,晋国也会出兵攻打郑国。

无奈之下,郑穆公派人送给赵盾一封信,信中说:"寡人即位三年,曾笼络蔡国,一起侍奉贵国,今年九月,蔡国国君向郑国借道前往晋国,很遗憾,寡人因为郑国内乱,没有一同前往❶。今年十一月,寡人没有完全平定内乱,便和蔡国国君一起去朝见晋国,足以见得,寡人对晋国的忠

---

❶ 郑国大夫侯宣专权,导致郑国内乱,史称侯宣之乱。

诚。几年前，郑国也曾出面与楚国说情，最终我们带领陈国国君去朝见晋国。此时此刻，即使陈、蔡两国邻近楚国，但他们不敢对晋国有二心，这都是郑国的功劳。寡人曾朝见先君晋襄公一次，朝见晋国国君两次，郑国太子和几位大夫也都曾数次前往晋国绛都，对郑国这样的小国来说，已经是难能可贵。如今贵国指责郑国不够忠诚，寡人心中十分委屈。郑国位于晋、楚两强之间，为了生存不得不铤而走险❶，然而贵国的命令却反复无常，寡人实在不知应当如何应对。"

赵盾接到郑穆公的书信后，经过一番权衡，他选择与郑国和好。但赵盾并没有对郑国放心，他派赵穿和公婿池前往郑国为人质，同时，郑国的太子夷和大夫石楚也前往晋国为人质。

赵穿与公婿池二人在晋国地位并不低。二人都是晋襄公的女婿，赵穿又是赵盾的心腹之人，在河曲之战中，赵盾为了救赵穿，不惜与秦军一战，可见赵穿在他心中的分量。晋国派这两个人前往郑国，名为人质，实为监军，目的是加强晋国对郑国的控制。

时隔一年，即公元前609年，齐、鲁两国发生矛盾。那年春天，齐懿公宣布讨伐鲁国，并定下秋季农忙结束，便出兵征讨鲁国。

谁也没想到，齐懿公会骤然病倒。医生问诊后，判断齐懿公命不久矣，活不到秋季。

鲁文公听到消息以后，希望齐懿公在出征前病逝，并请人为此进行占卜。鲁国大夫惠伯奉命安排人将国君所求之事刻在龟甲上，送给负责占卜的官员卜楚秋。

---

❶ 《左传·文公十七年》："铤而走险；急何能择？"此为成语出处。

卜楚丘占卜后，隐晦地说，齐国国君将在出兵前去世，但并不是病逝，而鲁国国君则听不到对方的死讯。送来龟甲之人，也将有灾祸。

卜楚丘暗指鲁文公将死在齐懿公之前，而惠伯也会被人杀害。卜楚丘一语成谶，同年二月二十三日，鲁文公去世。

鲁文公去世后不久，齐懿公如占卜所言，也被人弑杀。

齐懿公原名公子商人，他是齐桓公之子，也齐国五子之一。齐桓公去世后，齐国国君几经辗转，被公子潘收入囊中，史称齐昭公。

公元前613年，齐昭公去世，公子商人在齐昭公葬礼上杀死继承者吕舍，成功夺位，史称齐懿公。

齐懿公气量狭小，行事骄纵，他身为公子之时，曾经与齐国贵族邴原争夺采邑，结果齐懿公失败，他对此耿耿于怀。齐懿公即位时，邴原已死，齐懿公心有不甘，便掘其坟而断尸足，砍断了邴原尸首的双脚。

邴原之子邴歜心生怨恨，可他不敢反抗齐懿公，所以向齐懿公投诚。齐懿公居然没有铲草除根，反而安排对方做自己的车夫。

这件事已经十分荒唐，却还有更荒唐之事。当时齐国大夫阎职的妻子美艳不可方物，齐懿公色迷心窍，将她纳入宫中。这夺妻之仇在前，齐懿公不仅没有警惕对方，反而将阎职任命为骖乘❶。

鲁文公去世的那年春天，齐懿公到申池泡温泉。

此时邴歜用马鞭鞭打阎职，对方怒不可遏时，邴歜又出言讥讽说："别人抢夺你的妻子，你都没有发怒，我打你一下又何妨？"

邴歜反唇相讥说："与那个父亲被人砍断双脚而不敢发怒的人相比，

---

❶ 国君出行时随从于两侧和后方的马车被称为骖，骖乘便是马车上的车夫。

我这算得了什么？"

说话间，两人想到了罪魁祸首齐懿公，于是二人商议，杀了齐懿公，抛尸竹林。齐懿公生前不得人心，死后，齐人便废掉了他的儿子，迎接五子夺位时逃往卫国的公子元回国，随后公子元即位，史称齐惠公。

自从公元前643年齐桓公去世，到公元前609年齐惠公即位，五子夺位的动荡才正式结束。在长达三十多年的动乱中，齐国早已丧失春秋霸主的实力，已然沦为晋、楚争霸的陪衬。

齐国弑君后数月，鲁国又发生了动乱。

鲁文公在世时，东门襄仲与鲁文公的宠姬敬嬴关系密切。敬嬴曾经请求东门襄仲拥立她的儿子公子馁为国君。鲁文公去世那年十月，东门襄仲杀死嫡子公子恶与公子视，强行拥立庶公子馁为国君，史称鲁宣公。

三桓之族中的叔孙氏与孟孙氏向东门氏发起挑衅，但被东门襄仲击退。季文子不愿被东门襄仲迫害，选择支持鲁宣公。

动乱结束后，东门襄仲力压三桓之族，成为权倾朝野的大臣。

齐、鲁的内乱，并不是多事之秋的终结。同年冬季十二月，宋国再次发生叛乱。宋文公的胞弟公子须联合宋国公族势力，起兵作乱。宋文公平乱后，将公子须以及为首之人斩杀，并派司马子伯驱逐乱党。

如果人们在公元前609年放眼中原会发现，晋国君臣不合，齐、鲁、宋动荡不安，乱象丛生。这对楚庄王来说，正是逐鹿中原的好机会。

22 晋楚争霸再起
——楚庄王问鼎中原

接二连三的动乱，以及楚国的再次崛起，让中原诸侯国人心惶惶。公元前608年，齐国出兵攻打鲁国，东门襄仲以及新君鲁宣公为了稳定政局，丧权辱国地将济水以西的土地割让给齐国，以此换取齐国承认鲁宣公的国君之位。

晋国不愿齐、鲁两国和谈，他们便指使盟友宋国出兵伐齐，宋国先后两次备战，却都因为收取齐国贿赂而最终止戈撤兵。

混乱的局势延续数年，在此期间，晋国对中原的统治力日益衰落。郑穆公察觉到晋国不值得依靠，便果断投靠楚国。

当年赵盾曾经派赵穿和公婿池前往郑国监军，郑穆公叛变的消息，很快传到晋都绛城。然而赵盾并没能迅速出兵讨伐郑国，楚庄王却当机立断，同年秋天，他率楚军北上，讨伐陈国。

楚庄王并非孤军作战，他与秦国合谋，秦、楚分两路出兵，秦军伐晋，楚军北上。

在楚军摧枯拉朽的攻势下，陈国不堪一击，很快失守。楚庄王马不停蹄，继续向北行军，兵锋直指宋国。

赵盾没有直接出兵援宋，为了避免与楚国正面交锋，他联合宋、陈、卫、曹四国，一同出兵攻打背叛晋国联盟的郑国，赵盾想用这种方式，逼楚庄王撤兵援郑。

22 晋楚争霸再起——楚庄王问鼎中原

楚庄王为保住郑国，立即派芳贾率兵救援郑国。很快，楚国援军与晋国联军在北林相遇❶。双方在此地打了一场遭遇战，楚军气势如虹，击败对手并俘虏了晋大夫解扬，晋军首战不利，只能暂时撤兵。

晋国面对两线作战的不利局势，赵盾想先与秦国议和，减小西面防线的压力。不过近些年来，秦、晋两国势如水火，秦国未必同意和谈。

这时，赵穿提议说："不如晋军出兵攻打秦国的盟友崇国❷，秦国势必会率军救援，届时我们以崇国为筹码，逼秦国和谈。"

崇国位于丰、镐之间，距离秦都雍城不足两百千米，这里是秦军东进的必经之地，对秦国十分重要。

赵盾采纳了这个以进为退的计谋，同年冬天，他命赵穿率领晋军攻打崇国。万万没想到，二人的算盘落了空，秦国不愿和谈。一时间，赵盾骑虎难下，由于他为人谨小慎微，经过权衡后，赵盾决定暂避锋芒，于是命赵穿率军撤兵。

晋军在北林战败，与秦国和谈也宣告失败。正当此时，晋国君臣又出现意见分歧。晋灵公急于执政，他计划再次出兵攻打郑国，一雪前耻。赵盾则不同意，他以楚国风头正劲为由，屡屡劝谏晋国不能仓促应对，应该徐徐图之。

晋灵公不肯，执意出兵伐郑。

尽管晋军二次南下伐郑，然而这一战对郑国的伤害微乎其微，因为数

---

❶ 今河南省郑州市新郑以北，此地背靠黄河，距离晋国更近，然而楚军路远而先至，可见楚庄王的反应非常迅速。

❷ 今陕西省西安市鄠邑区附近。

月后，即公元前607年二月，郑国奉楚国之命，出兵伐宋。❶

与此同时，秦军为报复去年晋军入侵崇国之事，挥师东进，讨伐晋国。

鉴于楚庄王与秦国、郑国的关系密切，这两国同时出兵，他们似乎早有预谋。烽火连天，狼烟四起，赵盾想出兵援助宋国，却有心无力。宋国不甘受辱，派大夫华元、乐吕二人率军迎敌。二月十日，两军在宋国境内大战一场。

长久以来，郑国夹在晋、楚之间，两头受气，但郑国的实力并不弱，是除了晋、楚、齐、秦之外的强国。

宋军面对强敌时，却产生了内讧。

双方交战前，宋军主将华元为鼓舞士气，下令宰杀活羊，犒劳三军。结果华元的车夫羊斟没有分到羊肉，他对此怀恨在心。

在阵前厮杀之时，羊斟对华元说："前日分发羊肉，由你做主，今日战车进退，由我做主。"

他说完，便故意驾驭兵车，冲进敌军阵营。开战之初，主将被俘，宋军阵脚大乱，郑军趁机进攻，他们在这一战中扬眉吐气，不仅取得大胜，而且活捉敌军将领华元，阵前斩杀乐吕，同时郑军还缴获兵车四百六十乘，俘虏宋军三百五十人，其中一百人被割下了左耳。❷

华元祖上是宋国国君宋戴公，华家一直是宋国的豪门贵族。郑、宋两军停战后，宋国用兵车一百乘，良马四百匹，将他换回国。

---

❶《左传·宣公二年》："二年春，郑公子归生受命于楚，伐宋。"
❷ 笔者对此记载有异议，兵车四百六十乘，对应士兵数量约有三万人，郑军仅仅俘虏士兵三百五十人，难以解释清楚。或许因为当时有国人和野人之分，俘获的三百多人都是国人，相当于宋军中高层将领，至于其他被俘虏的野人，史书则没做记载。因此出现兵车数量与俘虏人数不对等的情况。

22 晋楚争霸再起——楚庄王问鼎中原

宋国的战败对晋国的霸业打击不小，赵盾想要出兵展开报复行动时，秦军为报复晋军讨伐崇国，自西而来，攻打晋国。

公元607年夏天，赵盾很忙，他先率军抵御秦军，等对方退兵后，他又马不停蹄地联合各路诸侯，南下伐郑，以报郑国伐宋之仇。

楚国得知消息后，态度非常坚决，立即派兵驰援郑国。令尹斗越椒性格狂傲，他放言说，想称霸诸侯，便要与诸侯们同气连枝，急对方之所急。❶

赵盾一向谨小慎微，城府和心机又深，他看出斗越椒作风狂傲，因此推测楚国君臣不和，斗越椒日后必成楚国大患。如今上上策，是避开斗越椒的锋芒。在这种情况下，赵盾不战而退，班师回国。

谁也想不到，在赵盾归国后不久，晋国发生了弑君事件。一年后，赵盾稳定晋国政局后，他不甘心郑国叛晋投楚，于是第三次出兵伐郑。

晋军南下，直抵郔地❷，距离郑国国都新郑仅一步之遥。郑穆公无力抵抗，只能与晋国缔结城下之盟。

楚庄王身为一代雄主，战略视野远超常人，他并没有立刻征讨郑国，而是选择率军北上，以勤王之名，讨伐陆浑之戎。

陆浑之戎便是与晋军一同参加崤之战的姜戎。❸公元前638年，秦穆公讨伐陆浑之戎，战后，晋惠公答应接纳陆浑之戎，并将陆浑之戎东迁至洛阳以西的伊川。

陆浑之戎感激晋惠公出手安定族人，他们逐渐与晋国关系密切。晋

---

❶ 《左传·宣公二年》."能欲诸侯，而恶其难忽？"
❷ 今河南省郑州市以北。
❸ 1978年版上海古籍出版社出版的《国语》中认为，陆浑之戎、姜戎、阴戎这三个名字，异名同实。

襄公即位后，陆浑之戎（或姜戎）更是参与了崤之战。此后晋国对外征战时，陆浑之戎多有参与。

陆浑之戎占据黄河以南、秦岭山脉以北的大片土地，这里是晋军南下的侧翼，也是秦国东出中原的要道。他们的存在，为秦、楚两国联合作战平添很多隐患。在此之前，楚穆王已经攻克麇国，此时楚庄王征讨陆浑之戎，可以进一步打通秦、楚之间的通道。

于是，公元前606年，楚国大军浩浩荡荡一路北上，在征讨陆浑之戎后，驻扎于洛水河畔。楚庄王的野心远不止于此，他在王畿之地举行了盛大的阅兵活动，史书称之为"楚庄王观兵于周疆"。

周王室与楚国的关系向来不合，楚军来势汹汹，引起了周王室的恐慌。天子为了刺探军情，派王孙满以慰劳楚师为名，前去拜见楚庄王。

二人相见后，楚庄王说了一句意味深长的话，他问王孙满："天子的九鼎有多大多重？"❶

相传，在夏朝初年，大禹治水以后，将天下划分为九州，并铸造了九鼎，象征九州。从此九鼎便是中国古代王朝权力的象征。

楚庄王陈兵王畿之地，又问鼎之大小轻重，他心中已有取而代之的野心。后人经常用"问鼎中原"一词，指代争夺天下。

面对楚庄王咄咄逼人的问话，王孙满并没有退缩，他意味深长地回答："九鼎的大小轻重，不在九鼎本身，而是在德行。当年夏朝有德之时，九州各地向大禹进贡青铜，如此一来，大禹才能够铸造九鼎。后来夏桀昏庸无道，九鼎也随之迁到商朝。商朝国运前后六百年，直到商纣王暴虐，九鼎又

---

❶ 《左传·宣公三年》："楚子问鼎之大小、轻重焉。"成语"问鼎中原"便出自此处。

22 晋楚争霸再起——楚庄王问鼎中原

随之迁到周朝。如果天子有德在身，九鼎便重于千斤，如果天子昏庸无道，九鼎再大，也轻于鸿毛。况且周成王曾找人占卜过，周朝会传承三十世，绵延七百年。如今周朝虽然衰落，但天命未改。所以这九鼎的轻重，您还是不要问了。"

楚国自楚武王时代崛起后，历经几世争霸，已经融入了华夏文明中，楚王之位传至楚庄王，他已经在潜移默化中认可了君权天授的思想。

可是楚军劳师动众北上，总不能因为王孙满一句"天命未改"就率兵回师。恰逢郑国不久前背叛楚国，楚庄王修整后，便挥师征讨郑国。

公元前606年，郑穆公命犯太岁，那年春天，晋军南下征讨郑国，夏天，楚军北上征讨郑国，郑穆公在夹缝中求生存，如履薄冰。同年冬天，四十三岁的郑穆公终于解脱，撒手人寰，与世长辞。❶

郑穆公的离世，没能改变郑国的悲惨命运。随着晋、楚争霸日益激烈，郑国饱受战争之苦。

在楚庄王问鼎中原，无限风光前后，晋国却失去了昔日霸主的荣光。

---

❶ 有一天，郑穆公的母亲燕姞梦见有个白胡子老头给她一支兰草，并且对她说，我是你的祖先，现在把兰草作为你的儿子送给你。燕姞醒来以后，将这个梦境说给郑文公听，郑文公听完，觉得这是天意，便和她同房，并且郑文公也送了一支兰草给燕姞作为凭证，后来燕姞果然生下一个儿子，于是取名叫作兰。姬兰便是日后的郑穆公。当郑穆公病重时，他说，我是因兰草而出生的，如果兰草死了，我恐怕也会死吧？结果有人割兰草后，郑穆公果然去世了。

23 赵盾弑君
——一场难以掩盖的阴谋

当年晋襄公向赵盾托孤，赵盾没能尽到辅政大臣应尽的义务，他不仅没有对晋灵公悉心教导，自己反而走上了权臣之路。楚庄王的崛起，晋国的霸业摇摇欲坠，赵盾谨小慎微的性格，在其中起了推波助澜的作用。

公元前607年，晋灵公已经成年，赵盾却迟迟不肯还政，君臣二人之间有了不可协调的矛盾。

不过史书上对赵盾弑君的记述，可谓疑点重重，充满了漏洞。

《左传·宣公二年》记载，晋灵公行事很荒唐，他曾为了享受而加重赋税，也曾为了取乐而站在高台上用弹弓射人。这一年，宫中厨师没能将熊掌炖烂，晋灵公便下令将厨师杀掉，把尸体放在筐中，让宫女背着，从朝堂上走过。

赵盾和士会看见筐子里有手露出来，便向宫女询问。二人得知事情来龙去脉后，不禁忧心忡忡。

不过晋灵公因为昏庸无道而远近闻名，士会对赵盾说："如果你我二人同时进谏，被国君拒绝，其他人不敢再继续进谏，不如这样，我先进谏，一旦不成，你再继续进谏。"

士会前后行礼三次，走到晋灵公殿堂的屋檐下，晋灵公避无可避，不得不见他。晋灵公说："我知道错了，我以后改。"

士会接话说："谁能没有过错呢？错而能改，没有比这更好的事

情了。"❶

不料晋灵公只是敷衍士会，事后他仍然我行我素，不思悔改。随后赵盾也不断向国君劝谏，晋灵公烦不胜烦，这新仇旧恨积攒在一起，他决定派杀手刺杀赵盾。

行刺之人名为鉏麑，他趁天没亮，悄悄潜入赵府，准备暗杀赵盾。黎明前是人最困乏的时候，选择这个时间行动，最容易得手。

出乎鉏麑的预料，这时候赵盾的卧室门早已打开，赵盾已经把朝服穿得整整齐齐，准备上朝。不过时间尚早，赵盾正端坐在屋中，闭目养神。

鉏麑看到这幅画面，心生感动，他悄悄退出赵盾的卧室，扬天长叹说："赵盾在家里还不忘恭敬国君，是晋国百姓的好官，我杀掉一个好官，是对晋国不忠。可是我又奉了国君之命，不杀死他，便是失信。不忠和失信这两件事，我无论怎样选择，必会占一样。两难之下，不如我自尽吧。"

鉏麑说完，便一头撞在院中的槐树上，当场气绝身亡。

时辰一到，赵盾正准备出门上朝，发现院中有一具尸体。随后赵盾立刻加强守卫，并把提弥明时刻安排在身边，以防不测。提弥明是赵盾征战沙场时的车右，他身手了得，有万夫不当之勇。

晋灵公一计不成，又生一计，同年九月，晋灵公请赵盾入宫中饮酒，并提前设下埋伏，准备在宴会中杀死赵盾。

在宴会之上，提弥明察觉情况有异，他快步走上殿堂说："做臣子的陪国君饮宴，酒过三巡必须告退，否则便有违礼法。"

话音未落，提弥明快步上前，扶起赵盾便要离开。

---

❶ 《左传·宣公二年》："谁人无过？过而能改，善莫大焉。"

晋灵公见计划败露，便放出平日里豢养的恶犬，追咬赵盾。提弥明见状，连忙护住赵盾，并与恶犬搏斗，他最终将恶犬宰杀。

赵盾愤恨地说："大王，您豢养恶犬残害忠良，即使恶犬再凶猛，也毫无用处。"

说话间，晋灵公安排的伏兵已经一拥而上，提弥明护着赵盾，边打边逃，但终究双拳难敌四手，混战之中，战死当场。

提弥明一死，赵盾便成为瓮中之鳖，他逃生无路，只能束手就擒。正当此时，追杀赵盾的伏兵中，忽然跳出一人。这人临阵倒戈，挡住其他武士，掩护赵盾脱离虎口。

这位临阵倒戈的勇士，名叫灵辄。话说当年赵盾前往首阳山打猎在桑林中休息时，看见灵辄倒地不起，赵盾以为对方身患重病，便上前询问。

灵辄说："我已经三天没吃饭了。"

赵盾听完，便拿出吃的分给对方。灵辄只吃了一半，便不吃了。赵盾很好奇，开口询问缘由。灵辄回答："我在外闯荡三年，不知道家中老母是否幸存。如今我家在不远处，我想留一半吃的给她。"

赵盾听后大为感动，他让灵辄尽情吃喝。随后赵盾又准备了一篮饭和一些肉，装在一个口袋中，让灵辄带回家。

滴水之恩，当涌泉相报，所以灵辄才会在赵盾性命攸关之时，出手相助。

赵盾虎口脱险后，询问灵辄为什么要救他。灵辄回答："我是当年饿倒在桑林中的那个人。"赵盾又追问他的姓名和住处，以便日后报恩。灵

23 赵盾弑君——一场难以掩盖的阴谋

辄没有告诉赵盾，径直逃命去了。❶

史书记载，赵盾因为晋灵公要杀他，所以连夜出逃避难。可是赵盾还没走出晋国国境，九月二十七日，赵盾的心腹赵穿在桃园弑君，杀死了晋灵公。

对此，晋国太史董狐记载："赵盾弑其君。"并在晋国朝堂上公之于众。❷

赵盾连连否认，我没有弑君。

太史董狐说："你身为执政大臣，外出流亡却没有走出国境，归来国都也没有讨伐逆贼，不是你弑君，又是谁弑君？"

赵盾解释说："我因为太流连故土，才没能走出国境。"

孔子对此评价，董狐能做到秉笔直书，是古代的好史官。赵盾因史书记录的规则，而蒙受弑君的恶名，是古代的好大夫。太可惜了，如果当时赵盾走出国境，便可以免去弑君的恶名了。

赵盾归来后，便派赵穿前往成周雒邑，迎接公子黑臀回国。十月初三，公子黑臀前往曲沃武公庙祭拜，同时即位为君，史称晋成公。

---

❶《左传·宣公二年》："秋九月，晋侯饮赵盾酒，伏甲将攻之。其右提弥明知之，趋登，曰：'臣侍君宴，过三爵，非礼也。'遂扶以下。公嗾夫獒焉。明搏而杀之。盾曰：'弃人用犬，虽猛何为！'斗且出。提弥明死之。初，宣子田于首山，舍于翳桑。见灵辄饿，问其病，曰：'不食三日矣。'食之，舍其半。问之，曰：'宦三年矣，未知母之存否。今近焉，请以遗之。'使尽之，而为之箪食与肉，寘诸橐以与之。既而与为公介，倒戟以御公徒，而免之。问何故，对曰：'翳桑之饿人也。'问其名居，不告而退。遂自亡也。"

❷ 春秋史官在记录弑君之事时，有一个约定俗成的规则：如果记载了国君名字，则暗指国君昏庸无道；如果记载了弑君者的名字，则说明是弑君者的过错。《左传》中记载"赵盾弑其君"，说明史官认为，是赵盾之罪。

回顾事件的来龙去脉，人们不难发现，孔子对赵盾的评价，有失偏颇。

赵盾城府深，心机重，行事谨小慎微。他身为晋国权臣，对晋灵公先后两次刺杀他都毫无察觉，并且即使得知晋灵公对他痛下杀手，也不愿反抗，而是外出流亡。

根据史书记载，晋灵公第二次对赵盾动手时，过程曲折离奇，灵辄忽然现身，阵前倒戈一击，帮助赵盾逃出生天。

这两次刺杀，充满了疑点。

晋灵公派鉏麑刺杀赵盾时，鉏麑自尽而亡，他死前所说的话，史官是如何得知的？而且按照书中的描述，鉏麑自杀时，赵盾并不知情，但他发现鉏麑尸体后，却立刻加强了自身的防备。

赵盾赴宴时，提弥明战死，灵辄临阵倒戈，救下赵盾性命。事后赵盾问他姓名住处，灵辄闭口不答，史官又如何知道灵辄的姓名，以及赵盾曾经对灵辄有救命之恩的这些往事呢？

这件事的疑点不止如此，九月二十七日，赵盾的心腹赵穿在桃园弑君，史书中数次提及赵盾与赵穿的关系密切，人们很难不去怀疑，赵穿是否受到赵盾的指使而弑杀晋灵公？此外，赵穿弑君的五天后，晋成公便在曲沃即位。❶

晋都绛城与成周雒邑的距离接近两百千米，而曲沃城又距离绛城不远。赵穿前往周王室请晋成公回国，一来一回的路程约有四百千米，由于山西地势险要，这段路程不仅跋山涉水，还要两次横渡黄河。

---

❶ 阴历一个月有二十九天或者三十天，春秋时代的周历算法不明，笔者姑且按当时九月共三十日计算，即二八、二九、三十、初一、初二。

23 赵盾弑君——一场难以掩盖的阴谋

如果赵盾事先并不知情，那么赵穿弑杀晋灵公后，他需要先将消息传递给流亡途中的赵盾，赵盾得知消息后，一刻不停留，派赵穿前往成周雒邑迎接公子黑臀。而公子黑臀收到消息后，不判断真假，就毫不犹豫立刻跟随赵穿回国。公子黑臀抵达曲沃前，祭祀的一切事宜，也需要准备妥当，不能有半点儿耽搁。

在这中间，任何一个环节出错，都会导致公子黑臀无法在五天内即位。

最后一个疑点，赵穿作为弑君凶手，赵盾不仅没有追究，反而派他前往周王室迎接公子黑臀，赵盾执政十几年，如果他没有参与弑君之事，理应避嫌。赵盾可以派任何人前去迎接新君，唯独赵穿不行。

这场疑云密布的弑君事件背后，似乎隐藏着骇人听闻的真相。

假如赵盾在鉏麑刺杀他时，便知道晋灵公对他起了杀心。赵盾立刻加强自身守卫，并召唤心腹赵穿，暗中商量弑君计划，他们一边暗中监视晋灵公的一举一动，一边派人联系公子黑臀。

当晋灵公准备设宴伏杀赵盾时，赵盾已经在伏兵中埋伏下亲信灵辄，所以他才能够在危机四伏的宴会上全身而退。

为了逃避弑君的罪名，赵盾外逃后，指使赵穿弑杀晋灵公，作为自己不在场的证明。事后，赵盾不仅没有将赵穿问罪，反而派他前往周王室迎接公子黑臀。

公子黑臀事先已经得知赵盾将要弑杀晋灵公，因此他早有准备，当赵穿抵达成周雒邑后，二人马不停蹄赶往曲沃武公庙祭拜，以防事情败露，横生变故。

众人仅仅花费五天时间，用令人难以想象的速度，完成了即位的流程，这时候木已成舟，赵盾又在晋国权势滔天，其他卿大夫即使想反对，也无力回天，只能默默接受这个结果。

此外，赵盾派赵穿迎接公子黑臀，对赵穿也是一种保护。赵穿背负着弑君之罪，同时又有扶立新君之功。日后如果有人想要问罪，新君一定会支持赵穿。

赵盾弑君之事，迷雾重重。至于真相如何，后人不得而知。太史董狐身为史官，在权臣面前，能够不失风骨，秉笔直书，不由得让人敬佩。

当年晋国骊姬之乱时，她曾向神灵盟誓，要求晋国不可收留公族子弟，从此晋国再无公族这一官职。

晋成公即位后，他在晋国的政治资本浅薄，为了扭转这一劣势，晋成公下令，让六卿的嫡子担任公族官职。他用这种方式，拉拢晋国群臣，从而坐稳了国君之位。

此时，赵盾对晋成公说："赵括是君姬氏的爱子❶，君姬氏对我有恩，如果没有她，臣下与蛮夷无异。因此，请晋成公提拔赵括为公族大夫。"

赵盾是新君即位的首功之臣，晋成公没有迟疑，便答应对方。紧接着，赵盾做出一个令人震惊的决定，他将赵氏一族的族长之位让给赵括。

古往今来，一朝权臣大多下场凄惨，如果这位权臣身上还背负着弑君之罪，那他以及他的家族十有八九会以灭族收场。

如果有一天，赵盾身败名裂，赵氏一族必然会被灭门。而赵括是晋文公的外孙，又是晋襄公和晋成公的外甥。如果由赵括来执掌赵氏，便为族人留下一线生机。

---

❶ 君姬氏即晋文公之女，后下嫁于赵衰。君姬氏曾将正室夫人之位让给赵盾之母，赵盾成为嫡子，而君姬氏之子赵括便成为赵氏庶子。

赵盾能够替赵氏一族未雨绸缪，这也是他行事风格的体现。

晋成公通过拉拢群臣，扭转了此前的颓势。数月后，即公元前606年初春，晋成公命赵盾率军南下伐郑。同年，楚庄王北上征讨陆浑之戎，并问鼎中原，而后伐郑，从晋国手中夺回郑国。

随后，楚国爆发了若敖氏之乱，楚庄王有惊无险地铲除斗越椒及其党羽，而楚国君臣不合的状况有所缓解。

晋、楚两国双双解决内忧后，他们摩拳擦掌，随之展开了新一轮的争霸。

24 饮马黄河
——楚庄王的君子之风

公元前606年,晋、楚相继伐郑,同年冬天,郑国国君郑穆公去世,他的儿子公子夷接任国君之位,史称郑灵公。

郑灵公即位不足一年,便因为一起意外,惨遭臣子弑杀考证参见附录14。郑国群臣本打算拥立郑穆公的庶子公子去疾为国君,公子去疾说:"我才疏学浅,德行浅薄,不足以担此大任,而且按照年龄辈分,理应由我的兄长公子坚即位。"

群臣无可奈何,转而拥立公子坚为国君,史称郑襄公。

郑襄公即位时,恰逢楚国爆发若敖氏之乱。等楚庄王平定内乱后,他再次图霸中原。楚庄王以郑国亲近晋国,并以不服从楚国为借口,出兵攻打郑国。

一年后,郑国接受宋国的贿赂,私自放走了宋国大夫华元。楚庄王又以此为借口,派公子婴第二次出兵伐郑。

郑襄公无力对抗,他连夜派使臣前往晋国求援。此时晋国刚走出弑君事件的阴霾,新君晋成公反应很迅速,他派荀林父率军南下驰援郑国。

楚庄王见晋军来援,便没有与敌军对阵沙场,而是将战线东移,挥兵攻打陈国。楚军兵临城下,陈国不战而降。楚庄王顺势与对方结盟,将陈国重新纳入楚国势力范围。

晋国不甘心陈国叛变,他们很快组织大军,在半年内两次伐陈。晋军

24 饮马黄河——楚庄王的君子之风

第二次讨伐陈国，是在公元前603年春天，偏偏此时，北方的戎狄部落之一赤狄大举南下入侵，包围了晋国边境怀地和邢丘两座城池❶。

短短一年时间，晋国援郑、伐陈、驱逐赤狄，忙得焦头烂额。楚庄王没有放过这个天赐良机，他在同年秋天，再次出兵伐郑。郑国夹在晋、楚两强之间，苦不堪言，只能反复向楚国投降。

尽管郑襄公迫于无奈投降，但他的外交立场，游走在晋、楚之间。郑襄公在等待一个向晋国投诚的机会，以便他们可以两头下注。很快，戎狄再一次进犯晋国，郑襄公抓住机会，派大夫公子宋携带重礼出使晋国。

公子宋对晋国君臣说："郑国是小国，此前迫于无奈，无力与楚国对抗，才不得不向对方投降。晋国和郑国同为姬姓诸侯国，大家应该同气连枝，共同对抗楚国。"

晋国安定政局后，晋成公与赵盾都有争霸中原的野心。他们接受公子宋的建议，与郑国和谈。同年冬天，两国在黑壤举行会盟，并且缔结盟约。

黑壤会盟的规格很高，周王室也派人参与其中。会盟结束后，晋国开始着手与楚国争霸的事项，公元前601年，他们先与征战多年的白狄人和谈，扫除身边的隐患。

白狄人活动的范围，集中在铜川和陕西洛水一带，这里是秦、晋两国接壤之地。自从崤之战结束后，秦、晋两国的关系每况愈下，秦国为了对抗晋国，在秦、楚交好的路上越走越远。

晋军如果南下争霸，秦国在晋国的后方，这对他们来说，是一个很大的威胁。而晋国拉拢白狄人，相当于在国境以西建立一条防御前线。从

---

❶ 怀地位置不明，邢丘位于今河南省焦作市温县东南方向。

此，白狄人与晋国的关系日益密切。同年夏天，晋国便联合白狄人，出兵征讨秦国，并取得胜利。

正当晋国踌躇满志，准备图霸中原时，同年冬天，一代权臣赵盾不幸去世。虽然赵盾身负弑君之罪，但他对晋国的功大于过。赵盾为人谨小慎微，他在执政期间，数次回避与楚国正面交锋，至少在明面上，维持了晋、楚争霸的春秋格局。

十几年前，赵盾铲除太子党后，晋国六卿的头三把交椅，分别是中军将赵盾，中军佐荀林父，上军将郤缺。直到赵盾临终前，这三人的职位始终没有变动。

按照规矩，赵盾去世后，六卿将各自晋升一位，即荀林父成为新任中军将，郤缺升职为中军佐。然而赵盾在病重时，将中军将的位置交到郤缺手中。

荀林父参与过城濮之战，他是名副其实的四朝元老，先后辅佐过晋文公、晋襄公、晋灵公以及晋成公四位国君。后来晋国发生两次大动荡，荀林父侥幸，一步一步爬到中军佐的位子上。但最重要的是，荀林父的政治立场，一直与赵盾若即若离。从当年拥立晋灵公即位的事情上可见一斑。

而郤缺不同，他的政治主张与赵盾相同，执政风格稳健，生平几乎没有犯过错。

当年，赵盾与狐射姑争夺过中军将之位，狐射姑失败后，逃离晋国。后来，晋国六卿曾讨论如何处理狐氏一族的去留问题。

荀林父提议说："不如将狐氏一族请回晋国。"

他的这个提议，明显触及了赵盾的痛处。赵盾没有说话，郤缺则发言说，狐射姑是晋国内乱的根源，他罪孽深重，不可将他的子嗣请回晋国。

24 饮马黄河——楚庄王的君子之风

从这件小事中，可以看出郤缺有着敏锐的洞察力和政治嗅觉。如此一来，荀林父与郤缺在赵盾心中的分量不同，所以他才将郤缺指定为新任中军将。

在赵盾去世的同一年，楚国境内群舒叛乱，楚庄王挥师东进，灭群舒，将楚国国境向东推至滑水。随后，楚国与长江下游的吴、越两国结盟，楚庄王通过这次结盟，安定了东南部局势。

赵盾去世后，晋成公加快了称霸的脚步。公元前600年，晋成公召集宋、卫、郑、曹等诸侯国在扈地会盟❶，众人商议讨伐不服晋国的国家，此前陈灵公投靠楚国，于是晋成公决定，先用陈国祭旗。

晋成公派荀林父率领诸侯联军南下伐陈，他自己则驻扎于原地。历史似乎和晋成公开了一个玩笑，荀林父在伐陈途中，收到了晋成公去世的消息，无奈之下，他只能匆匆赶回扈地，为晋成公收敛尸骨。

晋成公去世后，他的儿子姬獳即位，史称晋景公。楚庄王抓住晋国政权交替的机会，出兵北上伐郑。

晋国的新君没有畏战，他果断派郤缺领军南下，驰援郑国。晋、郑联军在柳棼与来犯楚军短兵相接❷，最终联军取胜，楚军败退回国。

胜利的消息传来，郑国上下洋溢着喜悦的气氛，唯独郑大夫公子去疾眉头紧锁，他没有被短暂的胜利冲昏头脑，而是愁眉苦脸地看着四周欢庆的人群，公子去疾担心楚强郑弱，郑国能胜这一次，未必能胜第二次，这场胜利，恐怕将是郑国的丧钟。

---

❶ 今河南省新乡市平原示范区境内。

❷ 郑国境内，今地不详。

群臣则非常乐观，他们认为公子去疾多虑了，有晋国中军将郤缺在，楚国不足为惧。

历史告诉后人，凡事千万不要笑得太早。在柳棼之战结束后不久，晋国中军将郤缺也不幸去世。仅仅半年后，郑国担心楚庄王打击报复，郑襄公派人前往楚国和谈。

郑国墙头草的举动，惹怒了晋景公，很快，晋国联合诸侯，再次征讨郑国。弱国自有弱国的悲哀，郑襄公两头受气，却又无力抵抗，他只能再次向晋国投降。然而他的悲剧远没有结束，公元前599年，楚庄王再次北上，率军伐郑。

晋景公寸步未让，他命士会南下救援。晋、楚两军在颖水北岸对峙。楚庄王很谨慎，他没有与晋军交手，便撤兵回国。晋国为防止郑国叛变，并没有撤离军队，而是顺势驻扎于郑国。❶

晋国的担忧不无道理，一年后，即公元前598年，楚庄王果然再次伐郑。频繁的征战让郑国苦不堪言，他们不断地改变外交路线。郑大夫公子去疾说，晋、楚两国不知仁德，只知争霸，我们只能谁来攻打，便归顺于谁。晋、楚无信，郑国也不必有信。

于是郑国君臣放弃抵抗，直接向楚国投降。同年，陈国发生弑君事件，楚庄王借平陈乱为由，出兵伐陈。夏天，楚庄王、郑襄公、陈国国君❷前往辰陵❸结盟。

郑国与楚国结盟的同一时间，竟然还前往鄢陵，与晋国结盟。郑国不

---

❶ 《左传·宣公十一年》："晋士会救郑，逐楚师于颖北。诸侯之师戍郑。"

❷ 中华书局出版的《左传》记载："陈灵公被杀不久，此陈侯可能是夏徵舒。"

❸ 今河南省周口市淮阳区以西。

24 饮马黄河——楚庄王的君子之风

忠引起晋、楚双方的不满。楚庄王在位二十三年，参加过二十四场战争，其中伐郑之战，多达十二次，占据半壁江山。

仅公元前606年至公元前597年，楚庄王发起的伐郑之战，便有八次之多。频繁的征战，耗尽了楚庄王的耐心。

公元597年春，楚庄王想要一劳永逸，他亲率大军北上伐郑，楚军兵锋所向势如破竹，很快攻破郑国外围防线，直抵郑国都城新郑。

这一次，楚庄王不会轻易接受郑国投降。为此，他做好了打持久战的准备，并下令楚军在新郑四周修筑工事，不破新郑，绝不回师。

楚军兵困新郑十七天，郑国君臣面临灭顶之灾，他们做了两手准备，一是向楚庄王求和，二是城破后与楚军进行巷战。为此，他们先后占卜两次，问卦求和之事，结果不吉，问卦巷战之事，结果大吉。

古人信奉鬼神之说，郑国众人便依照占卜结果，把兵车陈放于巷中，准备拼死相搏。

在楚军如潮的攻势下，城内守军伤亡惨重。眼见城池即将失守，新郑东北角的城墙突然崩塌，露出十几丈的缺口。军民得到消息，前往郑国宗庙前放声痛哭，守军也忍不住随之痛哭。

楚庄王听到城内哭声震天，一时间动了恻隐之心，他下令楚军后退十里。楚庄王的弟弟公子婴劝说："城墙坍塌，是天意灭郑，我军应该趁此良机，攻取新郑，大王为何要退兵十里，浪费良机？"

楚国逐鹿中原近百年，楚文化已与周文化水乳交融，楚庄王也深受礼乐制度的影响，很有君子之风。楚庄王回答说："如今郑人已知楚国兵威，却不知楚国的仁德。新郑危急，寡人退兵十里，展示楚国仁德，希望郑人能明白寡人的良苦用心。"

郑襄公正在为城墙崩塌而发愁，忽然听士兵传讯说楚军退兵，他没猜到楚庄王的心思，误以为是晋国的援兵将至。于是郑穆公精神一振，他没有半点投降之意，反而传令军民抓紧时间，修补城墙，并派人日夜巡逻守备。

楚庄王连等了几日，不见郑襄公出城投降，他失望至极，下令再次攻城。楚军推进至城下，继续猛攻。这场攻城战持续了三个月，郑襄公苦等援军，终究希望落空。随着楚军劈开城门，攻入新郑，郑襄公已然无力回天。

城破后，楚庄王再次传令军中，命楚军将士不得烧杀抢劫、劫掠百姓。当楚军即将抵达郑襄公的宫殿时，只见郑襄公站在路口，他上身赤裸，左手拿着旄节，右手拿着弯刀，做好迎接楚庄王的准备。

郑襄公看见对方后，恭敬地说："我没按照天意侍奉您，使您心怀愤怒，这是我的不对。即使您将我俘虏到楚国，来充实楚国的海滨之地，我也唯命是从，又即使您将郑国土地瓜分，让郑人做其他诸侯的奴仆，我依然唯命是从。不过我希望您能够顾及郑楚两国世代友好，当年先祖郑庄公与楚武王有过交情，请您顾念这份情谊，不要灭了郑国的社稷。如果郑国能侍奉楚国，即使您将郑国化为楚国的县邑，我也会感激您的恩惠。"

郑襄公弯弯绕绕说了这么多，核心只有一句——我错了，请留下郑国的社稷，我以后一定会好好侍奉楚国。

楚军将领们说："不能答应对方的要求，楚军已经攻克郑国，应该顺势将其吞并。"

楚庄王则摇头，他回答说："郑国国君能以礼屈居人下，必能以信动员郑人，所以这个郑国，我们是吞不下了。"

楚庄王不仅有君子之风，更重要的是，他的视野非常宽广。郑国是姬姓诸侯国，且毗邻周王室，又与晋国仅一江之隔。周德虽衰，天命未改，

24 饮马黄河——楚庄王的君子之风

楚庄王若贸然吞并郑国，届时晋国率各路诸侯伐楚，楚国凭借一己之力，不仅守不住郑国，而且会让楚国面临更大的危险。

最终，楚庄王决定后撤三十里，与郑国和谈，他派出心腹重臣潘尪与郑国订立盟约。郑襄公绝处逢生，他对楚庄王感恩戴德，亲自跑到楚军大营中慰问，并且将他的弟弟公子去疾送往楚国当人质。

大胜后，楚庄王并没有立刻回师，相反，他继续北上，打算饮马黄河而归。❶此时此刻，晋军已然渡河南下。

双方这次遭遇与以往不同，楚庄王为攻破郑国，举全国之力北上❷。晋军虽姗姗来迟，却也是六卿尽出，中军将荀林父、中军佐先縠、上军将士会、上军佐郤克、下军将赵朔、下军佐栾书都在军中。

晋、楚两军都是军容鼎盛，他们彼此间相互忌惮，谁都不曾想到，随后发生的一系列偶然事件，会让双方大打出手。

---

❶ 《左传·宣公二十年》："将饮马于河而归。"成语"饮马黄河"便出自此处。楚庄王通过饮马黄河的举动，向中原诸侯国宣告霸权。

❷ 根据邲之战的过程推测，楚庄王伐郑时，应该联合了盟友一同出兵。

25 邲之战
——楚庄王的霸业巅峰

正在楚庄王饮马黄河之际,晋国救援郑国的大军姗姗来迟,两军隔江相望,大战一触即发。

在这场大战之前,晋楚两国的统帅阶层都曾有过犹豫,双方在各自内部会议中,关于是否开战有过激烈的讨论。

晋军在抵达黄河北岸时,听说郑国被揍得特别惨,现在已经投降,并且跟楚国讲和了。晋国中军将荀林父收到消息后,判断救援郑国的军事行动为时已晚,如今渡河南下与楚国作战,无异于劳民伤财,对晋国有害无利,不如等楚军回国,晋国再兴兵伐郑。

他的这个观点得到了上军将士会的支持,士会说:"用兵之道,在于观衅而动。"❶楚庄王此次大举伐郑,并没有给晋国留下破绽。而且楚庄王平定若敖氏之乱后,启用孙叔敖为令尹。楚国在孙叔敖的治理下,能人辈出,国力大幅提升,楚军饮马黄河,士气正旺,晋军应该避其锋芒。

先克之子先縠却反对说:"晋国之所以能称霸诸侯,靠的是将士勇猛,群臣尽力。郑国乃中原必争之地,却因为我们无所作为而丢失,此事绝不能容忍。如果晋国霸业在我手上丢掉,我宁可一死为快。况且晋军出征,不能因为敌军强大而退兵,这是晋国之耻,诸位愿意忍气吞声,我先

---

❶ 大意是等对手露出破绽,再决定是否与敌军一战。

縠忍不了。"

此时先縠已经高居中军佐之位,他不顾大局,率领部下渡河与楚军一战。

先縠之所以会贪功冒进,与他的身世背景脱不开关系。当年五将乱晋时,先縠的父亲被杀,先縠年幼,不足以顶替父亲入朝为官。那些年赵氏与先氏两家关系莫逆,赵盾便让家臣臾骈担任上军佐一职,替先縠代任官位。

先縠成年后,赵盾将先縠提拔为上军佐。当时排在先縠之前的朝中重臣依次是赵盾、荀林父以及郤缺。后来赵盾与郤缺相继去世,荀林父成为中军将,先縠则晋升为中军佐。

公元前618年,先縠尚未成年,如今二十多年过去,先縠年纪最多三十岁上下,他如此年轻便坐上了晋国群臣的第二把交椅,难免会贪功冒进。

先縠率军离去后,荀林父的弟弟荀首面露忧愁,开战前军中内讧,是兵家大忌。

荀林父更是左右为难,如果他挥师渡河追上先縠,有违初心。可如果不追,一旦先縠遇上楚军主力,必败无疑。

晋军司马韩厥则劝荀林父说:"您身为三军主帅,军中有人不服军令,您将要负全责。如果先縠战败,您也一定会受到牵连。况且郑国已经投楚,万一先縠的部队也败亡,您更是罪上加罪。如今之计,您不如继续南下,与楚军一战。若是取胜,自然皆大欢喜,若是战败,那战败的罪责可以由六卿共同承担,总强过您一人承担。"

韩厥不仅言之有理,更重要的是他位高权重。韩厥幼年丧父,他在赵衰家中长大,与赵盾情同手足。赵盾独揽大权二十年,韩厥一直身居中军司马的要职,是赵盾的左膀右臂。此时赵盾去世不久,赵氏一族在晋军中依然有着举足轻重的影响力,韩厥便是其中之一。

荀林父为官多年,对其中利害关系了如指掌,他听完韩厥的话,不再犹豫,下令全军渡河。

楚庄王正打算饮马黄河,却听闻晋国三军渡河南下,于是犹豫起来。

楚军此行伐郑,已有四五个月光景,前后两次围困新郑,一次十七天,另一次三个月,合计已有三个半月。楚军远征未归,呈现疲兵之态。

令尹孙叔敖认为,既然郑国已经臣服,楚军不必节外生枝,与晋国开战。赢了得不到好处,输了肯定吃亏。如今上上之策,莫如退兵。

楚庄王的宠臣伍参则反对撤兵。

孙叔敖坚持避战,他说:"楚国去年伐陈,今年伐郑,已经是连年作战。如果对阵晋军战败,你伍参身上这几两肉,够楚国之人吃吗?"

伍参反驳说:"楚军若是取胜,你孙叔敖便是无谋之人,若是战败,我自然战死沙场,尸首被晋军俘获,你又如何能吃到我的肉?"

二人争得不可开交,孙叔敖甚至下令掉转车头和军旗,做好撤兵的准备。

伍参官职在令尹孙叔敖之下,他心有不甘,只能去找楚庄王游说。伍参说:"晋国新君刚刚即位,正处于权力交替的过程中,晋军政令不通。而且他们中军佐先縠年少权重,刚愎自用。他擅自违反军令,荀林父却没有严惩他。这会造成晋军将士无所适从,不知该听谁的命令。况且荀林父不过是晋国臣子,而您是楚国之君,您现在退兵,便是国君退避臣子,楚国又将如何称霸于诸侯?"

楚庄王深受礼乐制度的影响,他很在意君臣之别。伍参"君而逃臣"的话,刺痛了楚庄王的心。史书用"王病之"来形容楚庄王的难受。

25 邲之战——楚庄王的霸业巅峰

楚庄王不再犹豫，他命令孙叔敖掉转车头向北，全军备战，与晋军一决雌雄。

在种种机缘巧合下，晋、楚双方陈兵于邲水河畔，两军在这里打了一场非常著名的战争，史称邲之战。因为邲水流入荥阳的地方叫作两棠，因此邲之战又被称为两棠之役。

无人能预测战争的结果，郑国夹在晋、楚之间，逐渐摸索出了自己的生存之道。于是郑襄公两头下注，他一面臣服于楚国，另一面偷偷派使臣前往晋军营中游说。

郑国使臣对先縠说："郑人从未想过投靠楚国，只因为楚国实力太强，郑国国君为了挽救江山社稷，不得不出此下策，委身于楚国。实际上，郑国是姬姓诸侯国，始终心向晋国。楚军刚刚在新郑大捷，必然骄纵，况且他们出兵日久，如今已是疲惫之师。楚军疏于防备，只要你们袭击楚军，我们郑军愿为贵国殿后，届时楚军必败。"

先縠听完非常高兴，他想答应郑国使臣的要求。先縠说："击败楚国，征服郑国，便在此一战了。"

晋军的下军佐栾书头脑十分清醒，他逐条反驳郑国使臣，并劝先縠说："自从楚王平定庸国之乱，十几年来，他秣兵厉马，励精图治，使楚国蒸蒸日上。更难能可贵的是，以楚国今日之强盛，楚士依然以'筚路蓝缕，以启山林'的祖训教导臣民，以他的风格，楚军绝不是郑国口中的骄兵之师。而且，晋国名臣狐偃曾有遗言，用兵理直则士气如虹，用兵理亏则士气低落。楚国尚未对晋国无礼，我们偷袭楚军便是理亏，两军交战，我军不仅士气低落，更会让楚军同仇敌忾。除此之外，我在暗中观察，发现楚军用兵之法很严谨，楚王将自己的卫队分为左右两广❶，右广在清晨公鸡打鸣时开始值班，一直到中午，随后左广接替他们，到日落黄昏为止，楚王左右的侍卫则按照次序值夜班。由此可见，楚军戒备森严，郑国使臣之言不可信。最后，公子去疾是郑国最有名望之人，潘尪则是楚王的心腹重臣，这二人不仅签订了盟约，公子去疾更是前往楚国作为人质，因此郑、楚之间的关系，比我们想象的更紧密，郑国绝对不可能出兵帮助我们。郑国的图谋显而易见，无非是晋军取胜，便亲近晋国，晋军不胜，他们便继续投靠楚国。如今大战一触即发，我们不能听信郑国的片面之言。"

栾书这一大段话，说得先縠哑口无言。无奈晋军中主战派并非先縠一人。随军而来的赵氏族长赵括和赵同，也是主战派的代表人物。

由于先縠在赵盾的庇护下长大，他和赵氏族人私交甚密。赵括和赵同则劝先縠说："我们千里迢迢率军前来，只为与楚国一战。眼下箭在弦上，你不要考虑太多，战而获胜，才是我们最应该做的事情。"

赵氏在军中影响力巨大，先縠得到赵括和赵同二人的支持，便不再犹豫，于是下令晋军备战。

楚庄王在邲之战中，表现出了非凡的风度，他的所作所为，堪称礼乐制度的典范。楚庄王在战前派使臣前往晋军传话，使臣说："我们国君年少时很坎坷，不善于表达辞令，特地派我前来与贵国沟通。当年，楚成王和楚穆王二位先君讨伐郑国，只是为了安定天下，楚国从来不敢得罪贵

---

❶ 广为数量单位，一广为兵车十五乘，兵力约为一千人。左右两广相当于楚庄王的额禁卫军。

国,所以请你们不要久留于此地。"

这番话有些拗口,更直白的表达是,楚军伐郑,与晋国毫无关系,请晋军赶紧撤兵。

晋军士会立即反驳说:"当年平王东迁之时,曾命晋国与郑国共同辅佐周王室。现在郑国不遵从古训,我们国君派将士们前来质问,这是晋国和郑国之间的事,我们不敢劳烦楚国出手。"

士会的外交辞令也滴水不漏,他的言外之意是,我们此行为伐郑而来,并非针对楚国。

先縠对士会的说辞十分不满,他认为士会太软弱。先縠又派赵括前往楚军阵中传话说:"晋国的士会说错了,我们大王命令楚军从郑国境内撤离,同时大王有命,晋军不可避战,我们有令在身,不得不奉命行事。"

面对先縠咄咄逼人的举动,楚庄王并没有被激怒。毕竟楚军孤军深入,不久前又强攻郑国数月,楚庄王又生出避战之心,他派人前去和谈。

晋军统帅荀林父本不想与楚军交手,既然楚军求和,他顺势同意了对方的请求,晋、楚双方约定好日期,举行和谈仪式。

结果到了和谈之日,又发生了一些变故。楚军为了鼓舞士气,准备了一场致师行动。

从春秋时代开始,中国古代军事家们便非常注重军队在战场上的精神面貌,这便是所谓的士气。人们为了鼓舞士气,想过很多办法,致师便是其中一种。

所谓致师,便是用先声夺人的方式,彰显勇猛威武,并达到鼓舞己方士气、震慑敌军心神的目的。致师并没有一个固定的仪式和套路,不同的人可以选择不同的致师方式。

楚军负责致师的人叫作乐伯，为他驾驭战车的人名为许伯，而他的车右名为摄叔。这三个人不清楚怎样致师才符合礼法，于是在出战前私下商量。

许伯是车手，他听说致师之人，应该飙车到敌人阵营前，然后斜举着军旗，挥过敌军阵营上方，最后再飙车回来。

乐伯是主将，他摇头表示不同意。乐伯也听说，致师之人，应该是主将向敌军射出利箭，然后主将代替车手驾车，车手则跑到对方阵营中，将敌人的马革整理一下，最后从容不迫地归来。

摄叔是车右，他说你们说的都不对，致师之人，应该是车右冲入敌军中，割掉敌人的左耳，并且擒获一个俘虏回来。

三个人说法不同，谁也不知道对错，他们最终决定，把三种方法都做一遍，一定会有人做得对。

于是三人同乘一辆战车，杀气腾腾地冲到晋军阵前，许伯急转向，随后他斜举着军旗在晋军阵营上挥舞而过。乐伯则张弓搭箭，射杀晋军士兵。摄叔跳下车割掉晋军一名士兵的左耳，并抓捕一个俘虏。

实际上，这三个人选择其中任何一种方式，便是致师。然而他们一人做一次，羞辱性很强。晋军将士愤怒异常，他们征战沙场多年，没见过这么嚣张的人。晋军当场反击，左右两翼士兵冲上去，夹击楚军致师的三人。

乐伯箭术了得，他左右开弓，左射马，右射人，使晋军左右两翼不能夹击。可惜三人寡不敌众，他们很快陷入弹尽粮绝的困境。当乐伯只剩下最后一支箭时，有一只麋鹿误入战场。乐伯便用最后这支箭射死麋鹿，又让摄叔将麋鹿送给晋军。

摄叔抱着麋鹿对追击的晋军将领鲍癸说："现在距离年底有些日子，应该还没有人给你送礼，我冒昧地将这只麋鹿送给你手下的兄弟们，让他们好好地吃一顿。"

鲍癸听完，便命令手下停止追击，鲍癸说："楚国和以前不同了，他们不再是蛮夷了。这三位楚大夫是知礼节的君子，我们不可追击君子。"

正因如此，乐伯等三人才死里逃生，捡回一条性命。

晋、楚两军本打算和谈，晋军被乐伯三人的致师激起了怒气。晋军阵中的魏锜借题发挥，他说楚军欺人太甚，我魏锜要向楚军挑战。

魏锜的出发点，并不是为了晋军考虑。当年魏犨违抗军令，差点被晋文公斩首，魏氏家族从此没落。后来晋成公即位时，魏锜曾争取过公族大夫的职位，可惜竹篮打水一场空，他对这件事一直耿耿于怀。

当晋、楚两军在擦枪走火的边缘疯狂试探时，魏锜想推波助澜，促成两军大战。正因如此，魏锜才提议要挑战楚军。

可是晋楚双方的高层早已订下和谈的基调，中军将荀林父和上军将士会不想开战，他们思量半天，决定暂时忍气吞声。

魏锜一计不成，又生一计，他请求作为晋国使者，前往楚军阵营中，抗议对方的致师行动。这个建议合情合理，晋军高层没有反对，顺势同意了他的请求。

魏锜出使楚军时，趁机激怒楚军。楚军中计，潘尪之子潘党率军追杀魏锜。魏锜在逃亡路上，遇到了一群麋鹿，魏锜效仿乐伯，他反手张弓搭箭，射死其中一只，也将麋鹿献给潘党。魏锜说："您有要事在身，平时可能分不到新鲜的肉，这只麋鹿便送给您的兄弟们尝尝。"

潘党是贵族出身，他同样遵循礼仪，见魏锜如此行事，潘党只能恨恨作罢，命令手下停止追击。

正当魏锜出使楚军阵营时，赵穿之子赵旃同样对楚人的致师事件义愤填膺。赵旃与魏锜的经历类似,随着赵盾与郤缺相继离世,晋国六卿之位出现空缺,赵旃曾想晋升为六卿之一,但他的愿望落空,对现任的六卿心怀不满。楚军以致师公然羞辱晋军,主将们却对此忍气吞声,赵旃气愤不过,他也要向楚军挑战,不过他的请求也被高层驳回。

赵旃效仿魏锜,请求让他前往楚军结盟,不承想这个请求得到了许可。

魏锜和赵旃二人离开后,郤缺之子郤克找到先縠说:"魏锜和赵旃满怀怨气前往楚军大营,我担心事情有变,晋军不可不防。"

先縠不耐烦地回答:"郑国使臣劝我们与楚军作战,你们不敢应战,现在楚军将与我们和谈,你们又说不可不防。行军征战却连始终如一的军令都没有,即使要防备,也会临阵改变。"

士会认同郤克的意见,他也担心魏锜和赵旃二人激怒对方,万一敌军突然发难,晋军毫无防备,必会损失惨重。退一步说,即使楚军没有恶意,晋军提前布防,也有备无患。

先縠一意孤行,坚决不肯设防。先縠和士会分管晋国中军和上军两支部队。士会身为上军将,他留了个心眼,让上军将领在敖山前设置七处伏兵,同时交代赵婴齐备好船只,以便随时撤退。

赵婴齐是赵衰之子,与赵括和赵同是同父同母的亲兄弟,赵括为长兄,赵同次之,赵婴齐最小。然而赵婴齐在备船时,没有通知两位兄长,这件事在后来引起了赵括和赵同的不满。

先縠一意孤行,荀林父身为中军将,却没能管好手下,他也有失职的地方,导致晋国中军在邲之战中始终没有设防。

正当魏锜被潘党追得狼狈逃窜时,赵旃在楚军阵中捅了一个更大的娄子。史书上没有记载赵旃的言谈举止,不过从楚庄王亲自率左广之兵追击赵旃来推断，他惹的祸不小。

公元前597年六月十四，楚庄王命彭名为车手，屈荡为车右，率领兵车十五乘，对赵旃紧追不舍。赵旃走投无路，只能丢弃兵车，逃入附近的树林中，企图借助地形优势，绝境逢生。

或许是赵旃将楚庄王得罪得太狠，楚庄王见对方弃车而逃，依旧不依不饶，他命屈荡下车追击。赵旃与屈荡二人在林中大战一场。屈荡不愧为楚王的车右，身手了得，他不仅生擒赵旃，而且将赵旃的铠甲和衣服扒下来作为战利品。

此时，又发生了戏剧性的一幕。晋军担心魏锜和赵旃激怒楚军，他们派人驾驭兵车出阵迎接。正好被追击魏锜的楚军将领潘党看见，潘党见晋军阵前尘土飞扬，误以为晋军全军出击，于是潘党连忙返回楚军营中，将这一军情上报给楚军高层。

楚庄王此时偏偏不在阵中，他正带着左广的十五乘兵车在外追击赵旃。令尹孙叔敖越想越觉得事情有蹊跷——魏锜和赵旃先后来到楚军阵中，故意激怒楚庄王，这并非无缘无故，而是晋军使出的诱敌之计，对方早已布下天罗地网，只等楚庄王中计。

孙叔敖担心楚庄王的安危，他决定先发制人，卜令全军出击。孙叔敖说，宁可我们逼近敌军，也不可让敌军逼近我们。

楚军将士得令后，车驰卒奔，势不可当地冲向晋军安营扎寨之地。楚庄王听到身后杀声震天，他也收到了晋军全军出战的军情。楚庄王身在局中，不知前因后果，误以为自己中了埋伏，晋军想要活捉他。

楚庄王回忆魏锜和赵旃的言谈举止，越想越笃定自己的判断。由于楚庄王出营时仓促，身边仅带了十五乘兵车，楚庄王惊出一身冷汗，连忙派

唐狡和蔡鸠居向驻扎在附近的唐惠侯求援。❶

楚庄王让二人传话给唐惠侯说："这一次寡人贪功冒进，遭遇晋国这个劲敌，这是我的过错。如果楚国战败，也是您的耻辱，希望您能出手相助。"

唐惠侯收到军情后，毫不犹豫地出兵相助。唐军与楚军合兵一处，楚庄王才将一颗悬着的心放下。

晋军统帅荀林父没有丝毫准备，面对来势汹汹的楚军，一时间手足无措。慌乱中，荀林父决定先避开楚军锋芒，于是他命人击鼓，传令三军渡河，先渡河撤退的人有赏。

晋军将士收到军令，争先恐后上船。不过事发突然，晋军准备不足，导致人多船少，已经上船的士兵们，担心船只不堪重负，沉船江底，于是他们用刀砍断缆绳。那些没上船的士兵急于上船，只能用手拽着缆绳，或者趴在船舷上。

在混乱之中，船上的士兵用刀剁下趴在船舷之人的手指。❷幸好，上军在士会的安排下，早有准备。上军阵中并没有出现慌乱，他们暂时压住阵脚。

楚军先发制人，又有唐军援兵加入，局面对晋军越来越不利。如果任由混乱继续下去，晋军必然大败亏输。

---

❶ 晋国先祖唐叔虞被封在古唐国的故地。而古唐国则在西周初年被改封到今湖北省随州和枣阳一带。晋国与唐国的关系，类似于成语鸠占鹊巢。因为史料缺失，后人很难断定邲之战时，楚国、晋国、唐国三者之间的关系。由于邲之战只打了一天，况且邲水在郑州附近，远离唐国。楚庄王此行北上，先兵困新郑，而后饮马黄河，一直没有回师楚国。由此推断，唐国或许在伐郑之时，便已经参与楚军北上的军事行动中。

❷《左传·宣公十二年》："中军下军争舟，舟中之指可掬也。"这应该是夸张的描述。

25 邲之战——楚庄王的霸业巅峰

上军佐郤克向士会请示："战，还是不战？"

士会有些犹豫，他分析完局势，做出深明大义的决定。士会说："楚军士气正旺，而我军却阵脚大乱，如果楚军集中兵力攻打上军，上军必定会全军覆没。你我二人是上军的统帅，我们一旦守兵撤退，必将承担战败的恶名，但这些恶名与保全将士的性命相比，不值一提，我们撤兵吧。"

在士会和郤克的统率下，上军徐徐撤退，没有遭到重创。

而邲之战的关键人物魏锜和赵旃二人都没有撤离。赵旃用他的两匹好马，帮助兄长和叔父们逃离战场，自己则驾兵车返回战场，后来赵旃遇到敌军，走投无路时，又跑到树林中避祸。

魏锜的经历更曲折一些。荀首之子被楚军俘虏，荀首为了救儿子，便带着他的部下返回战场。魏锜便为荀首驾驭兵车。在这个过程中，二人收编了很多溃败的下军士兵，他们将这些散兵游勇组织起来，一同上阵厮杀。

这一伙人打得有声有色，荀首射杀了连尹襄老❶，并活捉了楚庄王之子公子穀臣。荀首将一人一尸带回，算是为晋国的惨败挽回了一丝颜面。

邲之战发生于六月十四日午后，楚庄王追击赵旃时，率领的是左广的部队，而左广是午后才会接班。整个邲之战，只打了半天时间，黄昏时分，晋军便溃不成军，他们连夜渡河，那一夜，船只往来黄河两岸的声音，不绝于耳。

丙辰日❷，楚国的后续辎重才抵达邲地，这也从侧面证明了邲之战的偶然性。

---

❶ 夏姬的丈夫之一。

❷ 《左传》中记录的原文为丙辰日，然而六月并无丙辰日，笔者暂且依照原文描述。

楚庄王通过邲之战，彻底奠定了春秋霸主的地位。更重要的是，邲之战中有两个细节，表明此时的楚国，已经与以往截然不同。

邲之战发生在邲水和黄河交汇的地方，河道交汇之地，土地难免泥泞不堪。晋军撤退时，一些兵车陷入泥泞的坑中，无法脱离。楚军士兵追击而至，他们不仅没有痛下杀手，反而帮助晋军士兵脱困，比如将兵车的挡板拆下来，铺在泥沼上；再如将军旗拆下，放在兵车的横木上，在楚军的帮助下，晋军的兵车终于脱困。

晋军士兵跑远后，揶揄楚军说："还是楚国厉害，我们晋国不像你们，总打败仗，所以逃跑的经验没有你们多，不知如何让兵车脱险。"

这种战场上的逸事，反映了很多细节。其中一点，说明楚军开始遵循礼乐制度下的军礼，征战中原。

先秦文献《司马法》中记载："古者，逐奔不过百步，纵绥不过三舍，自古之政也。"大意是追击败逃的敌人不能超过一百步，追击主动退却的敌人不超过九十里。

城濮之战中，晋军主动退避三舍，楚国令尹子玉仍追击而至，他的行为便不符合礼乐制度。而在邲之战中，晋军败退，楚军并没有乘胜追击，反而帮助对手脱困。这种改变，是楚国融入华夏文明的标志之一。

另一点，也能侧面印证邲之战的突然性。晋、楚两国原本约定日期和谈，乐伯三人致师是一个偶然事件，魏锜和赵旃激怒楚庄王也是偶然事件，晋军出兵迎接魏锜和赵旃，结果引起楚军的集体误判，还是偶然事件。

邲之战只打了半天，上午双方还在和谈，下午却突然开战，这难免会让两军的中下层士兵感到困惑，不知如何是好。况且春秋时期没有职业士兵，交战双方都是农民，并非杀人机器，所以才会发生这种逸事。

25 邲之战——楚庄王的霸业巅峰

邲之战取胜后，楚庄王的言谈举止，也是让他能跻身春秋五霸的原因之一。

当时潘党向楚庄王建议说："大王，您何不用晋人的尸体，建造一座京观，来彰显您的武力呢？"❶

楚庄王当即否决，他回答说："'武'字是由'止戈'二字组成的，寡人所求的是仁德，并愿意将此心昭告华夏，如此一来，寡人才能成就霸业。寡人为了以战止战，安定天下，才出兵远征中原。古人讨伐不敬之国，斩杀罪魁祸首，将祸首的骸骨封在土中，是为了惩处邪恶。现在我们无法指出晋人罪在何处，晋人又效忠于他们的国君，愿为君命而死，寡人怎能筑京观惩罚他们呢？如果我让两国士兵的骸骨曝尸荒野，寡人便是暴君无疑。"

楚庄王不愿无德而争强于诸侯，他仅仅在黄河岸边修建楚国先王的神庙，将邲之战的胜利，祭祀告知先王。随后楚庄王下令班师回国，结束了这场长达半年的远征。

---

❶ 《左传·宣公十二年》："君盍筑武军，而收晋尸以为京观。"京观，意为像城阙一样高的坟丘，是真正意义上的尸山血海。

26 乱世纷争
——邲之战结束后的动荡

在邲之战中，晋军高层内讧，中层各自为政，最终导致晋军饮恨邲水河畔。

既然战败，便需要有人承担后果。荀林父身为中军将，有不可推卸的责任，他很有担当，将战败之责一力承担。荀林父回归绛城后，便向国君请求死罪。

晋景公正准备同意，士会的庶子士贞子劝谏说："大王，您不能杀了荀林父。想当年，我军在城濮之战中获胜，一连吃了三天的楚军军粮，那时晋文公面有忧色，他说楚国的令尹子玉还活着，我们不能掉以轻心，困兽之斗尚且要防，更何况子玉是楚国的令尹，更要防。直到楚成王逼死令尹子玉，晋文公脸上才露出喜色。如果城濮之战是晋国在战场上的胜利，那么子玉之死就是晋国在战场外的胜利。现在，我们在邲水战败，如果您将荀林父给杀了，那么我们在战场外也失败了。从今往后，我们凭什么和楚国争呢？况且荀林父平时能够直言善谏，忠诚地侍奉国君，事后则会反省自己的过失，他是一个忠臣，您为什么要杀他呢？他这次打败仗，只是一个偶然，您不能因此抹杀他的功绩。"

晋景公默然无语，随后，他将荀林父赦免，并且恢复荀林父的中军将之位。

楚庄王取得邲之战的胜利后，曾说"止戈为武"，然而他却没能言行

26 乱世纷争——邲之战结束后的动荡

合一。在邲之战结束后的同年冬天，楚庄王将矛头对准了宋国，他率兵攻打宋国的附庸——萧邑。

萧邑没有封号，甚至不算一个诸侯国，相当于一个地方势力。而且萧邑位于江淮平原东部，与楚国国都相距千里，楚庄王远征萧邑的决定很草率。

近两年来，楚庄王伐陈、伐郑，又与晋国打了一场邲之战，更重要的是，在公元前597年的多数时间内，楚军都在远征，他们对外用兵的频率非常高。

宋国在收到萧邑告急后，迅速派华元之弟华椒领着蔡国的军队前往萧邑救援。❶

萧邑在宋、蔡两国的援助下，不仅守住了城池，还俘虏了楚国的熊相宜僚和公子丙。这二人应该与楚庄王关系密切，甚至可能有血缘关系。楚庄王连忙对萧邑守军说："不要杀他们，我立刻退兵。"

萧邑的守军或许被胜利冲昏了头脑，又或许认为有援军相助，所以他们没有理会楚庄王的请求，将二人斩杀。

楚庄王当即震怒，他下令包围萧邑。楚国虽强，但也暴露出连年征战的弊病，那便是楚军的后勤辎重不足。时值冬季，萧邑的天气异常寒冷，楚国大夫申公巫臣前去汇报说："军中御寒的衣物不足，将士们多半饥寒交迫。"

楚庄王无奈，只能巡视三军，抚慰勉励军中将士。由于楚庄王威信很

---

❶ 《左传·宣公十二年》："冬，楚子伐萧，宋华椒以蔡人救萧。"史书没有记载为什么宋人会率蔡军援救，此事颇为诡异。

高，将士们受到抚慰，竟然咬牙忍住了寒冷，并且攻破了萧邑的城池。

在萧邑城破前，史书上记载了一件有趣的事情，值得一提。

当时萧邑有一位大夫，名为还无社，他与楚大夫申叔展是旧识。楚军攻城时，还无社站在城头，请楚军将领把申叔展叫到城下。

众目睽睽之下，二人对话一定会被人听到，于是他们说了一段暗语。

申叔展问道："你有麦麹吗？"

还无社摇头说："没有。"

申叔展又问："你有山鞠穷吗？"

还无社还是摇头说："也没有。"

申叔展追问说："如果你得了风湿病，怎么办？"

还无社说："你注意看枯井，可以救我。"

申叔展琢磨了一下，回答说："这样，你结根草绳放在井边，在旁边哭泣的那个人，便是我。"

这段对话，应该是中国有史以来最早的暗语。麦麹等同于今天的酒曲，是用来酿酒的。将麦麹入药，主要作用是行气。山鞠穷是川芎，山鞠穷入药的主要作用是行血。也就是说，麦麹行气，山鞠穷行血。引申而言，麦麹代表勇气，山鞠穷代表血性。

史书记载这个故事，真实版本应该是这样的。

楚军兵困萧邑，还无社怕被殃及，他便联系自己的好友申叔展。

申叔展问他："你有勇气和楚军作战吗？"

还无社摇头说："没有。"

申叔展又问："你有血性和萧邑共存亡吗？"

还无社还是摇头说："也没有。"

26 乱世纷争——邲之战结束后的动荡

申叔展追问说:"如果萧邑城被攻破,你会怎么办?"

还无社说:"我藏在枯井里,到时候你来救我。"

申叔展谋略过人心思缜密,萧邑中有很多口井,兵荒马乱之时,他需要确定还无社藏于哪一口井中。同时,井外来来往往那么多人,还无社也需要确定井外之人是申叔展。

于是申叔展琢磨了一下,回答说:"你在枯井边结根草绳做个记号,让我能够找到你,而我会在井外放声大哭,你听见哭声便知道是我。"

第二天,萧邑城被攻破,申叔展入城后,果然找到一口井边放着草绳。于是他放声大哭和还无社接头,最终将对方救出。

萧邑失守后,宋国人人自危,他们清楚,楚国下一个目标便是宋国。城濮之战后,晋、宋两国关系密切,宋国能求助的诸侯,唯有晋国。而晋国在邲之战中失利,他们也需要加强与宋国的关系,以扼制楚国北上扩张的势头。

但是,晋国只有宋国为盟友,还远远不够,他们需要获得更多诸侯的支持。

由于邲之战发生于春秋中期,随着时代的发展,士大夫阶层的实力越来越强,从周天子到诸侯,他们对国家的掌控越来越弱,晋国出现了权臣赵盾把持朝政,鲁国前有东门襄仲、后有三桓之族,他们逐步将鲁国国君架空。

在这种情况下,诸侯国内部常发生弑君事件。晋、齐、鲁、郑、宋的弑君事件层出不穷。诸侯国的权力交替动荡、内部利益集团分化,导致国与国之间一言不合便相互征伐。而邲之战发生后,晋国进入弱势期,晋国希望诸侯们停止内斗,抱团取暖。

为了改变中原诸侯一盘散沙的现状，公元前596年，晋国中军佐先縠召集诸侯在清丘会盟，商议讨伐对晋国有二心的诸侯国。然而清丘会盟并没有取得良好的效果，仅有宋国的华椒，卫国的孔达，以及不知姓名的曹国人到场，齐、鲁、郑等诸侯国全部缺席。除了宋国，其他参与会盟之人，也只是喊喊口号，并非真心拥护晋国。

会盟结束后，宋国很快出兵南下讨伐陈国。宋国伐陈有两方面考量，一来陈国位于楚、宋之间，陈国投靠楚国后，楚军可以随时借道陈国伐宋，宋国寝食难安，他们有伐陈的动机；二来宋国可以借伐陈的契机，向晋国示好。

偏偏此时，卫国的孔达却在宋国背后狠狠地捅了一刀，他率兵渡河伐宋。

孔达放言说："卫国先君与陈国有约定，所以我不得不救陈国，倘若晋国因此要讨伐卫国的话，我孔达将承担所有罪责。"

晋国还没来得及追究卫国的罪责，同年秋天，赤狄卷土重来，再次入侵晋国。与其说是入侵，不如说是叛乱。日防夜防，家贼难防，先縠在邲之战后，没有反省自己的过错，反而勾结赤狄作乱，意图偷袭晋国。

事实证明，阴谋策划和行军打仗一样，都需要非凡的能力。先縠成事不足，他的阴谋很快败露。晋景公盛怒之下，不仅斩杀先縠，更是将先氏一族满门抄斩。可怜为晋国立下汗马功劳的先轸，他的家族仅传承三代便绝嗣，令人不胜唏嘘。

晋景公并没有因为接二连三的打击而一蹶不振，此时他依然心怀图霸中原的梦想，如何扼制秦楚，树立威信，是晋景公所考虑的事情。在他平定先縠的叛乱后，便派使臣前往卫国问责。

卫国心里清楚晋景公的盘算，他们在晋国使臣面前支支吾吾，含糊其辞，不肯给一个说法。晋国使臣奉命行事，不达目的誓不罢休，他逗留在卫国境内不肯离去，并态度强硬地放出风声，如果卫国无人承担背叛清丘会盟的罪责，那晋国将兴兵伐卫，讨一个公道。

孔达心知无处可逃，他出面说："我率兵伐宋救卫，既然晋国不肯罢休，一定要卫国给一个交代，我孔达责无旁贷。若是能用我的性命，换卫国江山社稷安稳，那我愿意以死相对。"

最终孔达上吊自尽。卫国国君卫穆公通告诸侯说："寡人不幸，卫国的乱臣贼子孔达挑拨卫国和晋国的关系，现在他已经认罪伏诛，寡人特此通告。"

卫国君臣用孔达的死，给了晋国一个交代。在晋国使臣离开后，卫人感怀孔达的舍生忘死，他们为孔达之子张罗婚事，并让对方继承孔达的官职。

晋国用卫国立威后，他们很快将目光重新放在郑国上。邲之战两年后的夏天，晋国以郑国服楚为由，出兵伐郑。这场伐郑行动的策划人，正是邲之战中晋军最高统帅荀林父。荀林父将伐郑之事通告诸侯，并在郑国境内举行盛大的观兵仪式，他企图以威慑的方式，逼郑国投诚。

郑国群臣犹豫了一下，没有立刻投降，而是做了两手准备。郑襄公派另外一个人去楚国做人质，换回公子去疾。郑襄公还找了一个滴水不漏的理由，他让使臣向楚庄王传话说："晋军实力强大，郑国需要公子去疾出谋划策，请楚国放他回国。"

公子去疾在郑国声望极高，当年郑灵公被弑杀时，郑人便想拥立公子去疾为国君，公子去疾不肯，郑襄公才会成为国君。此外，郑国摇摆不定的外交路线，也出自公子去疾之手。一旦公子去疾安全归来，郑国求和的压力便大大减小。

郑国自古是中原的必争之地，楚庄王的实力如日中天，他没有对晋军南下而放任不管，很快，楚庄王便派兵北上，增援郑国，在黄河岸边挫败晋军。❶

楚庄王替郑国解围后，他再次将目光放在了宋国，这里是与郑国同等重要的中原必争之地。此时，楚庄王做了一件耐人寻味的小事，他派使臣前往齐国。

从楚国前往齐国，宋国是必经之地，而楚庄王指派的大夫，偏偏是申舟。当年楚穆王横扫中原时，曾经兵临宋国。当时宋国国君还是宋昭公，申舟曾当众鞭打宋昭公的车夫。宋人将此事引为国耻。如果申舟过境，宋人十有八九会杀了他。

楚庄王担心这样做不稳妥，他下令申舟在宋国过境时，不可向对方借道。

在春秋时代，当某国的使臣路过其他诸侯国时，需要向对方通报一声，这是一种礼节，大抵等同于"我途经贵宝地，请各位好汉行个方便"。如果不借道，便是非法入境，对方有权批捕问罪。

申舟与宋国有仇，还不能向对方借道，楚庄王这是怕申舟死得不彻底。申舟只好向楚庄王哀求说："大王，您换一个人出使吧，我去一定会被宋人杀掉。"

楚庄王说："如果他们敢杀你，我就攻打宋国。"

申舟听完便明白了，楚庄王想要伐宋，但师出无名，只要他申舟死在宋国，楚国便有出师之名了。

---

❶ 《春秋》以及《左传》并没有楚国增援的记录，然而《史记》对此有所记载："是时楚庄王疆，以挫晋兵河上也。"笔者推测，即使到了楚庄王时期，中原诸侯国对楚国仍有歧视，尤其是在城濮之战结束后，鲁国成为晋国的盟友，他们一直持有尊晋贬楚的立场。而《春秋》作为鲁国国史，在叙事上难免受到影响。

26 乱世纷争——邲之战结束后的动荡

申舟默默受命,并将儿子托付给楚庄王,之后踏上了前往宋国的不归路。他抵达宋国时,果然被宋人拦了下来。宋国大夫华元听说申舟过境而没有借道,新仇旧恨交织在一起,他说申舟这是将宋国当成楚国的地盘了,我若不闻不问,宋国等同于亡国,可若是我们杀了申舟,楚国一定会攻打宋国,我们也会亡国。既然怎样选择都是亡国,我不如现在杀了申舟。

宋人没有半点犹豫,他们手起刀落,申舟便身首异处,殒命于宋国。申舟的死讯传到楚庄王耳中,他一甩袖子,站起来便向外冲。楚庄王走到寝宫门口时,随从才将鞋子送上,他匆匆穿上;而他冲到宫外时,其他随从才送上佩剑;等楚庄王已经跑出很远,冲到街市附近时,他的座驾马车才备好追上来,接楚庄王上车。❶

公元前595年九月,楚军兵困宋都商丘。这是一场惨烈的围城战,不知出于什么原因,围城五个月后,宋国求援的消息才传到晋国。

在不久前的清丘会盟中,宋国鼎立支持晋国,况且郑、宋两国是中原的必争之地,如今郑国已经臣服于楚国,无论如何,晋国都应该出兵救宋。晋景公便打算派晋军南下,然而群臣却犹豫了。

两年前,楚国伐郑近四个月,等晋军抵达时,郑国已经投降。姗姗来迟的晋军与楚军一战邲水河畔,却饮恨归国。

如今宋国已经被围五个月,如果宋国在晋军抵达前投降,那将是又一场无功而返。

出于现实的考量,晋国大夫伯宗劝谏说:"晋军还是别救了,古语

---

❶ 《左传·宣公十四年》:"楚子闻之,投袂而起,履及于窒皇,剑及于寝门之外,车及于蒲胥之市。"成语"投袂而起"出自此处,形容精神振奋,立即行动的状态。

说：'虽鞭之长，不及马腹❶。'楚国势头正盛，更有老天庇护，我们暂时不要和楚国争雄。"

晋景公慎重权衡后，听从了伯宗的劝谏，停止发兵救宋。可如果晋国袖手旁观，将会有损他们在诸侯间的威信，于是晋人想出了一个新对策，晋景公派大夫解扬前往宋国，告诉宋人不要投降，并骗对方说："晋军已经在南下的路上。"

解扬途经郑国时，出师未捷，被郑军抓个正着，郑人将他囚禁起来，献给楚国。解扬顺水推舟，骗楚庄王说："晋国援军近期将会抵达。"

楚庄王信以为真，他不禁喜忧参半，忧的是楚军连年征战，伐陈、伐郑、征战邲水、远征萧邑，如今更是五个月不曾回师修整，楚军已如强弩之末，再拖下去，局势将越来越恶劣。喜的是，楚庄王想到了一条攻心计，或许能迅速结束战争。

楚庄王将计就计，他想让解扬告诉宋人，晋军不会南下增援，从而诱导宋国投降。讽刺的是，楚庄王不知道他的攻心计是真实情况，所以他心急如焚，为了在晋军抵达前结束战斗，楚庄王不惜重金贿赂解扬。

解扬坚守职责，一直不肯答应。楚庄王不肯罢休，派人前后游说解扬三次，解扬这才点头同意。

随后楚军让解扬登上楼车对宋军喊话，谁也没料到，解扬大喊，宋国的兄弟们，你们一定要坚持住，晋军已经在南下驰援的路上，不日便会抵达宋国。

楚庄王震怒不已，当即便要将解扬杀了，以泄心头之恨。他派人对

---

❶ 《左传·宣公十五年》："伯宗曰：不可。古人有言曰：虽鞭之长，不及马腹。"成语"鞭长莫及"出自此处。

26 乱世纷争——邲之战结束后的动荡

解扬说:"你此前答应了楚国的请求,如今却出尔反尔。并非楚人不讲信用,而是你背信弃义在先,你将接受应有的惩罚。"

解扬不卑不亢地回答:"我接受我们大王的命令出使宋国,即便丢了性命,我也不会背叛晋国,更不会因为你们的贿赂而改变。我此前答应楚国的要求,只是为了借机完成使命。纵有一死,我也无怨无悔。"

楚庄王收到使臣回报,长长地叹了一口气,感慨道:"解扬身具君子之风,所谓明君不杀君子,我不能杀他。"

随后楚庄王赦免解扬,将他放回晋国。

宋国守军听到解扬带来的消息,士气大振,他们一边盼望晋国援军,一边咬紧牙关抵抗楚国。宋人从秋天盼到冬天,又从冬天盼到第二年春天,始终没有见到晋军的人影。

在春暖花开之时,商丘城已经被围九个月,楚军难以为继,楚庄王萌生撤兵的念头。

此时,申舟之子申犀反对说:"大王,我父亲明知前往宋国是送死,他仍然义无反顾,为的是楚国伐宋师出有名,如今您要撤兵,岂不是言而无信?"

楚庄王听完,默然无语。战争进行到此时,楚军已经进退两难,毕竟大军出征已有九个月,辎重补给有着巨大的压力。

楚庄王的车夫申叔时提议说:"楚军可以在商丘城外定居下来,我们调集人手兴建房屋,耕种田地。我们解决后顾之忧,宋军一定会因此而恐惧,必会向我们投降。"

这是一条不战而屈人之兵的好计谋,楚庄王大喜过望,采纳了申叔时的建议。

宋人在城墙上看到楚军就地播种耕田，心中恐慌不已。宋国大夫华元知道一旦楚军没有辎重的压力，宋人的日子将会更难熬。于是他连夜潜入楚军阵营，来到楚庄王的弟弟子反的床前，将对方拉起来说："我此行前来，是奉国君之命，告诉你商丘城内的惨状，城内百姓已经易子而食，析骸以爨。尽管如此，我们宁愿亡国，也不愿在兵临城下时被逼结盟。如果楚军能后撤三十里，我们便愿意服从楚国的命令。"

子反此时被华元挟持，心中惊恐，他偷偷地与华元结盟。随后，子反将情报上呈给楚庄王，楚庄王本有撤兵之意，他当即下令楚军后撤三十里。楚、宋两国就此和谈，华元作为人质入楚，两国盟誓，彼此不欺骗。❶

至此，宋国苦苦坚守九个月，经历过围城的人间惨剧后，最终向楚国投降。邲之战前后数年，楚军征战中原，无一败绩。此时距离城濮之战已经过去四十年，晋国的辉煌逐渐暗淡，楚国争霸百年，终于在楚庄王的统治下，如愿以偿，称雄中原。

这一年，是公元前594年，也是楚庄王执政的第二十个春秋。在二十年的风风雨雨中，楚庄王曾灭庸平乱、铲除若敖氏、问鼎中原、饮马黄河，也曾伐郑征宋、拒晋国于千里之外。人生无常，世事无定数，三年后，楚庄王忽然病重，不久于人世。

楚国盛极一时的霸业，如同滔滔江水东流去，成为过往云烟。楚庄王的去世，并不是晋、楚争霸的终点，春秋霸主晋国，即将开始他们的绝地反击。

---

❶ 《左传·宣公十五年》："宋人惧，使华元夜入楚师，登子反之床，起之，曰：'寡君使元以病告，曰："敝邑易子而食，析骸以爨。虽然，城下之盟，有以国毙，不能从也。去我三十里，唯命是听"'。子反惧，与之盟，而告王。退三十里。宋及楚平，华元为质。盟曰：'我无尔诈，尔无我虞'。"成语"易子而食""析骸以爨""尔虞我诈"都出自此处记载。

附录

附录1
重耳的肋骨之谜

史书记载，重耳的母亲狐姬是狄国人。在史书中出现过数个狄国，而且成分相当复杂，他们之中，既有周王室的血统，也有戎狄的血统，需要一一分析。

周王朝建立之初，周成王东征，灭蒲姑等50余国，大兴分封，封姜尚于齐国。同时，周成王又把济水两侧一块广阔而肥美的土地封给了他的舅父孝伯[1]。在那个时期，高青这个地方，大部分区域属于孝伯的地盘。孝伯又称考伯，出自参卢氏，为炎帝后裔，他在这里建立了狄国，国人便以国为氏，姓狄。

此时的狄国与春秋时代的完全不同。"狄"的概念，在当时也是北方少数民族的总称，所谓东夷、西戎、南蛮、北狄，便由此而来。

据考证，狄族有数个分支，其中长狄、赤狄、白狄最为人们所熟知。少数民族防风氏入侵狄国，并而代之。他们建立自己的国家后，周边国家因地名仍用"狄"来称呼他们，将其称为狄国，他们便是长狄国的前身。

关于赤狄和白狄的说法，至今没有定论。根据《清华大学藏战国书简》记载，赤狄王为留吁氏，春秋时狄人的一支，或说因为在他们风俗中，喜欢穿红色的衣服而得名。赤狄主要分布于今山西长治一带，与晋人处于杂居状态，他们也是春秋时期实力最强、影响力最大的狄族部落。赤狄内部又分为潞氏、皋落氏、甲氏、留吁、铎辰、廧咎如等众多部族。

---

[1] 今山东省济南市高青县附近。

而狐姬所在的狄国，应为白狄。白狄始见于《左传·僖公三十三年》中，即公元前627年。他们在春秋前期主要分布于古雍州北部❶，而且白狄经常与晋国通婚，公元前578年，晋厉公命吕相为使致秦桓公《绝秦书》说："白狄与君同州，君之仇雠；而我之婚姻也。"意为白狄与秦国是仇敌，但与晋国却是姻亲关系。

晋国与白狄国的通婚融合，从属于中华各民族大融合的历史进程。而狐姬便是这一历史进程中的典型人物。狐姬的父亲狐突，是晋献公时代的晋国大夫，他的祖上与晋国国君同源。当年周成王以桐叶封唐，唐叔虞的后人中，有不少人生活在白狄活动频繁的地区，而狐突的祖上便是其中之一，狐氏一族因为封于大狐，便以姬姓狐氏自居。

《国语》对此有所记载，《国语·晋语四》这样写道："同姓不婚，恶不殖也。狐氏出自唐叔。狐姬，伯行之子也，实生重耳。"韦注："狐氏，重耳外家，与晋俱唐叔之后，别在犬戎者。"

根据史书记载推论，狐突与狐姬在血缘上，应当与晋国国君很近。《左传》中还有一条关于重耳之母的姓氏记载。当重耳流亡到郑国时，郑国大夫叔詹曾经说："男女同姓，其生不蕃。晋公子，姬出也，而至于今，一也。"

当时郑国国君郑文公怠慢重耳，郑国大夫叔詹劝谏，男女同姓婚配，他们的后代便不会昌盛，晋国公子重耳，便是同姓结婚而生，他至今健在，是天命之子，郑国不能怠慢他。

其他诸侯国的大夫对公子重耳的身世如数家珍，说明当时人们对狐姬是唐叔虞的后人有共识，这从侧面印证了晋献公与狐姬的血缘相近。

---

❶ 今陕北一带。

科学证明，近亲结婚会导致婴儿出生时有缺陷，结合重耳的骈胁特征，我们又可以从科学的角度反证史料记载的正确性。

由晋国的历史可以看出，中华民族在西周时期就开始不断地融合，经过几千年的传承，早已你中有我，我中有你，华人血浓于水，也源于此。

附录2
三晋诸侯赵、魏、韩的起源

战国初期，赵、魏、韩三家分晋，他们分别建立国家，属于战国七雄之列。赵、魏、韩三家的起源，却是一个漫长的故事。

早在商朝末年，商王帝辛手下有数员大将，其中以蜚廉、恶来、季胜父子三人最为出名。

季胜身为蜚廉之子，他审时度势的能力很强，很早便脱离了父兄的阵营。在西周建立后，季胜归顺于周人，逃过一死。

季胜投诚后，他的儿子深受周成王宠幸，季胜这支后人，逐渐成为西周时期的名门望族。季胜的曾孙名叫造父，驾驭马车的技术了得，是当时最出名的车手。

幸运的是，造父生于周穆王时代，周穆王特别喜欢驾车出游，后人甚至为他写了一部《穆天子传》，专门记述周穆王游历天下之事。造父因为车技出众，成为周穆王的御用车手。

传说徐偃王趁周穆王西巡未归之际，起兵造反，造父驾驭八匹千里马载着周穆王，一日千里，自中原昆仑丘西王母处返回，最终帮助周穆王平定叛乱。天子念其有功，便将造父封在赵城，从造父这一代开始，季胜的后人便以赵氏自居。赵氏一族也成为周王室的御用车手。

到了周宣王时代，天子征讨戎狄，周宣王在战场上落入险境，造父的六世孙奄父身为天子车手，他驾车狂奔，载着周宣王脱离险境，从而名动一时。

后来周幽王在战火中丧命，在平王东迁前后，周王室动荡不安，赵氏一族选择离开王室，他们投奔晋文侯，从此赵氏一族在晋国落地生根。

随着历史的变迁，最终赵氏一族成为三家分晋的当事人之一，分晋后建立了战国七雄中的赵国。

周文王的第十五子是毕高功，他的后代因当年被封在毕地，建立毕国，他们从此以毕氏自居。周幽王时期，申侯勾结犬戎作乱，毕国不幸牵扯其中，最终亡国。毕高功的后人则逃到晋国避难。

公元前661年，晋献公进行军制改革，毕高功的后人毕万成为晋献公的车右，他因功受赏于魏地，他的后人便以魏为姓。

赵国先祖赵夙与魏国先祖毕万当为同袍战友，这是一个有趣的历史细节。

韩国先祖传承至今仍有争议，《史记·韩氏家》认为，韩国为西周古韩国后裔，《史记·索隐》认为，韩国先祖韩万是为曲沃桓叔次子，曲沃庄伯之弟，曲沃武公（晋武公）的叔父。

由于晋献公屠杀公族，《左传·昭公三年》中记载："晋之公族尽矣。肸闻之，公室将卑，其宗族枝叶先落，则公室从之。肸之宗十一族，唯羊舌氏在而已。"经过晋献公的屠戮，公族中仅有羊舌氏留存，由此观之，《史记·韩氏家》的记载更为贴切。

韩万曾是曲沃武公的兵车车手，当年曲沃武公俘获晋哀侯以后，派韩万动手，弑杀晋哀侯。后来曲沃代翼成功后，韩万被封在韩原，韩氏一族几经变迁辗转，成为三家分晋中最后一位赢家。

附录3
公子重耳流亡路线考证

由于《左传》中对公子重耳流亡的过程记载不清晰，导致史学界对此时间线众说纷纭，笔者结合史料以及历史逻辑，对此加以推断。

公元前645年韩原之战结束，晋惠公派人追杀公子重耳。而晋惠公被释放的时间是在初冬十一月。当时临近岁末，公子重耳才准备向齐国逃亡。

当时重耳流亡团的众人路过五原时，《国语·晋语》记载了狐偃对公子重耳说的这样一番话："子犯曰：'天赐也。民以土服，又何求焉！天事必象，十有二年，必获此土。二三子志之。岁在寿星及鹑尾，其有此土乎！天以命矣，复于寿星，必获诸侯。天之道也，由是始之。有此，其以戊申乎！所以申土也。'"

从狐偃的说辞中推断，当时的星象是岁星落在寿星和鹑尾之间，岁星循环一周期为十二年，即十二年后，岁星再次落到寿星之上时，公子重耳将获得五鹿之地。

公元前632年年初，晋文公伐卫，取得五鹿之地，向前倒推十二年，狐偃所说的星象，应该在公元前645年冬天到公元前644年的新春这段时间里才会出现。

因此我们可以推测出，公子重耳在公元前645年冬天，离开狄国流亡。

也正是因为冬季流亡，所以他们在荒郊野外，只能靠打猎为生，而打猎的收获并不稳定，公子重耳才差点被饿死。

公子重耳抵达齐国时，受到了齐桓公的接待，而齐桓公死于公元前643年初冬，由此推断，公子重耳在这个时间之前，便已经抵达齐国。

随后，姜氏与狐偃醉遣重耳，重耳去齐入卫。《国语·晋语》记载："过卫，卫文公有邢、狄之虞，不能礼焉。"

《左传》对卫国的征伐之事，有详细的记载，《左传·僖公二十年》记载："滑人叛郑而服于卫。夏，郑公子士、泄堵寇帅师入滑。秋，齐、狄盟于邢，为邢谋卫难也。于是卫方病邢。"《左传·僖公二十一年》记载："二十有一年春，狄侵卫。"

卫文公二十年（鲁僖公二十年，公元前640年），滑国背叛郑国而顺服卫国。同年秋天，齐国和狄人在邢国相会并订立盟约，替邢国策划对付卫国的侵袭。此时卫文公才担心邢国。随后，卫文公二十一年（鲁僖公二十一年，公元前639年），狄人攻打卫国。

由此推断，公子重耳途经卫国的时间，不早于公元前639年。

结合公子重耳在卫国和曹国的不愉快经历，流亡团众人不会在卫、曹两国长期逗留，公子重耳极有可能在同一年，在卫、曹短暂停留后，抵达宋国。

此时宋襄公在鹿地首次会合诸侯，会盟中又以盟主自居。当时人们并不知道未来的走向，他们认为宋襄公有继承齐桓公霸业的趋势。根据公子重耳的性格分析，他极有可能会逗留于宋国。

可宋国的命运急转直下，公元前639年秋天，宋襄公被楚成王俘获，带回楚国囚禁，楚国便趁机攻打宋国。同年冬天，在鲁僖公的调停下，宋襄公才被释放。

次年，公元前638年初冬十一月初一，楚、宋两国爆发泓水之战，宋襄公阵前重伤。数月后，即公元前637年五月，宋襄公去世。同年九月，晋惠公去世。

《三家注史记》认为，宋襄公因为泓水之战败北，有求于晋国，因此善待公子重耳。笔者认为此说法并不准确。宋襄公早于晋惠公去世，而晋惠公一直追杀公子重耳，倘若公子重耳是在泓水之战后抵达宋国，宋襄公想要获得晋国的支持，最好的办法便是将公子重耳俘虏，献给晋惠公。然而宋襄公并没有这样做，相反，他却重重赏赐公子重耳。

由此，笔者推断，公子重耳入宋时，宋襄公应该很风光。

从公子重耳的移动轨迹上，又可以看出另外一些端倪。他离开齐国后，经过卫国、曹国抵达宋国，一路向南行进，并距离楚国郢都越来越近。如果他想要抵达楚国，借道陈、蔡两国继续南下，是一条最直接的路。可是他却改道西行，离开宋国后，前往郑国。

公子重耳在郑国期间，同样被郑文公冷落，《国语·晋语》记载，当时郑国大夫叔詹说过这样一句话："同出九人，唯重耳在，离外之患，而晋国不靖。"意为晋惠公生下的九名子嗣中，只有公子重耳还活着。

结合晋惠公在公元前637年九月去世，公子重耳则是在这个时间以后，抵达郑国。

此外，如果不渡过黄河，那么郑国是从宋国回晋国的必经之路，由此可见，晋惠公死后，公子重耳萌生了回国夺位的打算。

晋惠公之子，太子圉反应得比公子重耳更快，他早一步回国即位，史称晋怀公。晋怀公即位后，便迫不及待地设定一个期限，他下令流亡团的众人按期限回归晋国，逾期不归者，晋怀公将不赦免众人的罪责。晋怀公甚至为此逼迫狐偃之父狐突，命令对方召唤儿子回国。晋怀公的种种举动，预示着公子重耳有回国夺位的打算。

从晋惠公去世，到公子重耳改道郑国，再到晋怀公针对公子重耳的措施，整个事件的逻辑已经非常清晰。

此时，是公元前637年九月。随后晋文公前往楚国，得到了楚成王的款待，二人订下退避三舍之约，随后秦穆公派人将公子重耳请到秦国。同年十二月，晋国重臣栾枝、郤縠前往秦国拜见公子重耳。

次年周历正月，即公元前636年，秦穆公派兵护送公子重耳回国，二月，晋怀公率军与公子重耳对峙，此后晋怀公败北。公子重耳即位，史称晋文公。

至此，笔者将公子重耳的流亡时间线梳理如下：

公元前655年，晋献公派勃鞮讨伐蒲城，公子重耳逃亡狄国。

公元前645年年底，晋惠公派勃鞮前往渭水之滨刺杀公子重耳，公子重耳被迫离开狄国，投奔齐国。

公元前644年或公元前643年，公子重耳抵达齐国，并在齐国沉迷享乐，持续数年之久。

公元前639年，齐国因为内乱，霸业迅速衰落，姜氏与狐偃合谋，醉遣重耳。公子重耳被迫再次踏上流亡之路。同年，流亡团众人途经卫、曹两国，抵达宋国。

公元前637年五月，宋襄公伤重不治，与世长辞。同年九月，晋惠公卒。公子重耳决定回国争夺国君之位，流亡团众人在回国路上，途经郑国。而晋怀公却抢先一步即位，并采取种种措施阻止公子重耳与他争权夺位。同年冬天，公子重耳继续南下，前往楚国，随后，秦穆公派人迎接公子重耳前往秦国。同年十二月，晋国重臣栾枝、郤縠前往秦国拜见公子重耳。

公元前636年王正月，距离晋惠公去世不到四个月，秦穆公派兵护送公子重耳回国。同年二月，晋怀公败北，公子重耳成功夺位。

附录4
卫文公灭邢

卫国从来不是春秋时代的主角，在戎狄祸乱中原的岁月里，卫国与邢国相继遭遇灭顶之灾，时值齐桓公奉行"尊王攘夷"的策略，齐桓公与宋襄公向邢、卫两国伸出援手，将两国迁往曹地附近。

两国迁都后，卫国距离宋国更近，邢国距离齐国更近，由于地缘问题，这两个百废待兴的国家走上了不同的道路，卫国和宋国的关系越来越密切，邢国则全面投靠齐国。

时任卫国国君卫文公是一个中兴之主，他即位之初，卫国上下仅有兵车三十乘，在卫文公执政后期，卫国的兵车数量已经多达三百乘。

纵观卫文公时代，卫国多次参与宋襄公主持的会盟，卫文公也多次率兵随宋国出征，尤其是在宋襄公平定齐国内乱的那次军事行动中，卫文公身先士卒，深入齐国境内的甗地（今济南市市区），与宋襄公一同击败齐军，并拥立齐孝公继位。

在卫文公征战之时，邢国却趁机出兵，偷袭了卫国。卫文公率兵归国后，于次年出兵攻打邢国。

这一战，邢国惨败。

邢国国君心有不甘，他痛定思痛，准备将齐国拉入这潭浑水中，以借齐国之力，报复卫国。齐孝公收到邢国的请求后，积极主动地介入了邢卫两国的纷争中，他以此向列国证明，齐国依然是中原霸主。

春秋各国之间的情谊，永远在利益之下，卫文公的经历是对此的真实写照。当年，卫文公是拥立齐孝公即位的重要力量之一，今日，齐孝公抛弃恩情，站在了邢国背后。

小国有小国的悲哀，卫文公为了对抗齐国，只能将身家性命押在宋国身上，毕竟此时的宋襄公，是接过齐桓公霸主旗帜的国君。

世事无常，总会在不经意间捉弄当事人。在卫文公倒向宋襄公之后不久，宋楚之间爆发了一场泓水之战，并且以宋军惨败收场，宋襄公的霸业转瞬成空，他本人也在第二年因伤郁郁而终。

卫文公在失去宋襄公这座靠山后，并未坐以待毙，他在权衡利弊后，将目光放在了鲁国。对卫文公来说："鲁国与齐国纷争不断，而且鲁国背后有楚国撑腰。卫国可以借与鲁国联盟，加入楚国阵营。"

楚成王多年的苦心经营没有付诸流水，楚国的影响力已经扩大到中原腹地。泓水之战以后，宋国已经成为楚国附庸，而郑国、许国、陈国、蔡国、鲁国、卫国、莒国等春秋诸侯，也相继走上了亲楚的路线。

楚成王的心腹大患，依然是齐国。在鲁国和卫国亲楚以后，他们成为楚成王对抗齐国的桥头堡。两国频频联合行动，卫文公更是在公元前635年，出兵攻打邢国，彻底为邢国画上了句号。邢国就此灭国，退出了历史舞台。

可惜，在邢国被灭的几个月后，卫文公也溘然长逝，其子卫成公即位。尽管卫国进行了权力的传承，但没有改变他们的对外策略。卫成公为了加强与楚国的关系，在他即位后的第二年，将自己的妹妹嫁给了楚成王，以换取楚国更大的支持。

因为这段历史,在城濮之战前夕,卫、鲁两国与齐国对立。

附录 5
城濮之战中晋军强攻曹国

在城濮之战前夕,由于楚成王加紧对宋国的攻势,晋文公为了打通援宋通道,也为了逼楚国撤兵,于是晋军开始强攻曹国。

除此之外,当年晋文公流亡到曹国时,曹共公不仅怠慢晋文公,而且偷看晋文公洗澡。于公于私,晋文公都要狠狠地揍曹国一顿。

晋、楚双方的攻势都很猛烈。史书记载,晋国在攻打曹国国都的城门时,死伤惨重。

曹共公的道德底线很低,他为了扰乱晋军军心,命人将晋军的尸首挂在城门上示众。死者为大,曹共公的所作所为,有损阴德。

晋军将士在城外看到此情此景,震怒不已。可是曹共公据城而守,晋军一时间也没有好的应对方法。

不过人一旦没底线,手段就会多起来。晋文公也做了一件有损阴德的事,他听从手下建议,下令命晋军众人在曹国先祖的坟地上安营扎寨。

曹共公顿时慌了,他连忙命人将晋军的尸首收敛入棺,接着派人进入晋军大营,商量归还尸体之事,并请求晋军不要在曹国先祖的坟头蹦迪。

经过这次波折,曹军士气大落,晋军很快攻破城池,活捉曹共公。晋文公原本想废了曹共公的国君之位,以报当年对方羞辱之耻。但这个理由站不住大义,也会显得晋文公为君气量狭小。

不过当年晋文公流亡到曹国时，曹国大夫僖负羁曾经上谏劝曹共公要对晋文公以礼相待。曹共公偷看晋文公洗澡后，僖负羁还曾上门赔礼道歉。如此一来，晋文公和僖负羁有了交情。而曹共公因为这些事，贬了僖负羁的官，从此不再重用僖负羁。

于是晋文公以这个为借口，当面斥责曹共公不肯重用贤臣，有今日下场，是咎由自取。同时，晋文公下令晋军不得进入僖负羁的宅邸，以此报答僖负羁当年的恩情。

偏偏在此时，有两人公然违抗军令，他们都是重耳流亡团的成员，追随晋文公多年，其中一人是毕万的后代，名为魏犨，另一人名为颠颉。

二人认为自己劳苦功高，可是晋文公在设置六卿职位时，没有将两人列入其中。尤其是魏犨，他有万夫不当之勇，在此次攻打曹国时，魏犨勇猛无敌，为破城受了重伤。

晋文公善待僖负羁之事，引起了二人的不满。魏犨说："我跟随大王多年，大王都没有回报，僖负羁这点小恩小惠，大王却郑重其事地报答，我不甘心。"

魏犨和颠颉两人越说越气，他们一怒之下，放火烧了僖负羁的宅邸。狐偃和胥臣得到消息后大惊失色，他们急忙组织人手，赶去僖负羁家救援，奈何火势太大，史书记载，僖负羁身受重伤不治而死。全家老小只有夫人吕氏抱着五岁的儿子僖禄跳入池塘，才勉强逃过一死。

狐偃和胥臣比魏犨和颠颉更有大局观，他们知道晋文公善待僖负羁是为了树立有恩必报的明君形象。结果魏犨、颠颉二人闯下大祸，坏了晋文公的好事。

所以狐偃和胥臣不敢耽搁，将此事连夜上报给晋文公。

晋文公盛怒之下，准备将魏犨和颠颉都杀了，以儆效尤。赵衰劝说道："大王，魏犨和颠颉毕竟跟随您多年，魏犨又在此次伐曹之战中立下大功，罪不至死。"

晋文公怒不可遏地说："寡人能取信于民，依靠的是令行禁止，寡人明令晋军不得侵犯僖负羁一家，魏犨、颠颉二人明知故犯，令僖负羁一家惨死，寡人若不斩杀二人，以后如何治军？"

赵衰见晋文公真动了怒，他生怕火上浇油，只能继续劝说："大王您说得对。但我们正是用人之际，魏犨有万夫不当之勇，杀了可惜。况且任何事都有主犯和从犯之分，我们将颠颉定为主犯，将魏犨定为从犯，如此一来，只杀颠颉一人，也能起到警示军中的作用。"

赵衰这番话提醒了晋文公，随后晋文公问了一句意味深长的话——听说："魏犨在此次伐曹之战中受了重伤？"

这句问话，展现了晋文公作为一个上位者的权谋。晋文公并不是体恤魏犨，他考虑事情非常冷血和现实，如果魏犨的伤能好，这人以后对晋文公还是有用的，如果他的伤好不了，晋文公便将他一起杀了，用魏犨和颠颉二人的脑袋，来整饬军纪。

晋文公的使者找到魏犨时，对方立刻猜到了国君的心思。魏犨连忙把胸口的伤口包扎得严严实实。

使者和蔼可亲地询问："魏大人，大王听说您攻城时受伤了，他非常担心，特地派我来慰问。您现在伤势如何？"

魏犨回答说："托大王的福，我只是受了点皮外伤。"说完，魏犨咬紧牙关向前跳了多次，又向上跳了多次。

书中记载，当时魏犨距跃三百，曲踊三百。距跃是跳远的意思，曲踊是跳高的意思,而三百则有两种解读,一是说"百"字同"陌"字,代表"词"的意思,即魏犨只跳了三次,另一说将"百"字视为一个虚数,用来形容跳了很多次,等同于九死一生、百衲衣、千层饼这些词汇中的数量词。

魏犨这场戏演得非常好,他骗过了所有人。晋文公放过了魏犨,只杀了颠颉。魏犨死罪可免,活罪难逃,晋文公罢免了魏犨车右的职务。他这样做,一来有惩戒之意,二来也能防止魏犨怀恨在心,避免魏犨在战场上做出不可控的事情。晋文公索性将车右换人,一劳永逸。

魏犨大难不死,必有后福。两百多年后,魏犨的后人魏文侯,与赵、韩两家瓜分了晋国,开启了战国时代。

附录6
城濮位置考证

关于城濮在哪里,有两种主流说法:一种说法认为在今天山东省鄄城附近,另一种说法则认为在今天河南省开封县附近。两种说法各有道理,至今没有定论,笔者倾向于城濮在山东省鄄城附近。原因在于,当时楚成王借给鲁僖公的那支军队,一直驻扎在穀地。

穀地位于黄河以南,在今天山东东阿附近,距离鄄城不远,而鄄城县附近一条河叫作濮水,时日至今,当地还有名为鄄城濮水湿地公园的景点。

从地理位置上分析,穀地位于在齐国、鲁国、卫国国境交界处。这一年春天,战役很多,时间线非常密集,参与战争的几方人马没有时间做大范围的军事调动。因此,楚军驰援卫国的那场战役,也应该发生在穀地附近。

从战略形势上来分析，楚成王兵分两路，他命令尹子玉率部下攻打宋国，又命申公叔侯率縠地驻扎的楚军驰援卫国，这两支军队不可能将战线拉得太长。毕竟楚军伐宋，已经是深入中原作战，一旦战线拉得过长，彼此间不能相互救援，这是兵家大忌。

分析完濮水的地理位置，可以引出另外一个问题，即齐国和秦国两国到底派了多少兵力援助晋军。

笔者认为齐国的援军比秦国多。不久前，鲁僖公率领楚军伐齐，此时申公叔侯率领楚军在縠地驻扎，齐国即使不愿和楚国开战，他也会组织军队防止楚军偷袭，因此齐军在縠地附近应该驻扎了军队。

随后局势急转直下，楚成王命申公叔侯从縠地撤兵，齐军顺势南下进驻城濮的可能性很大。

而秦国派遣的军队数量则难以推测。笔者倾向于秦军出兵的可能性不大，他们参与到晋国的联军中，声援的意义可能更大一些。

我们还是从城濮的地理位置来分析。城濮距离秦国很远，笔者暂且采用城濮在鄄城附近的说法，即宝鸡凤翔县到鄄城县，两地之间直线距离长达九百千米左右。

根据时间线和战争地点推算，三月初十以后，晋文公才收到宋国的紧急求援，先轸让宋国用重金贿赂齐国和秦国，中间只有二十来天的兵马调度窗口期，以当时军队的机动力，秦国大军驰援到此地的可能性很小。

基于以上事实，我们可以做出两种推断。第一，在晋文公抗楚援宋前，秦国已经提前进行战备，并且大军在前往宋国的路上；第二，秦国的大军来不及参战，只派了少量部队，快马加鞭赶到城濮。

笔者倾向于第二种可能，并对《左传》在此处的记载存疑。

附录7
春秋五霸究竟是谁

春秋五霸与战国七雄不同，战国七雄是七个国家，而春秋五霸是五个历史人物。

《左传·僖公十五年》中记载，在公元前679年的两次鄄地会盟上，左丘明用"齐始霸也"四个字，评价齐桓公的霸业。

从此，人们有了春秋霸主这个概念。

最初春秋五霸的概念，与今日"霸主"的概念截然不同。霸是一种政治地位，谐音"伯"，音转为霸，又称州伯、方伯。所以春秋五霸相当于五个诸侯之长，他们负责会盟诸侯、朝见天子，随着时代的发展，这些称霸的诸侯国君，通过这种特殊的政治地位，向小国攫取利益。

关于春秋五霸究竟是谁，有两种广为流传的说法：第一种认为齐桓公、晋文公、秦穆公、宋襄公、楚庄王这五位是春秋五霸；第二种则认为齐桓公、晋文公、楚庄王、吴王阖闾、越王勾践为春秋五霸。

第一种说法出自唐代史学家司马贞的《史记索隐》。第二种说法则出自《荀子王霸篇》。

除了这两种说法外，至少还有五种关于春秋五霸的排名，这些说法的形成年代各有不同，各有各的道理，难分伯仲。

关于春秋五霸的七种说法，无一例外，都将齐桓公和晋文公排在头两位，这二人是无可争议的春秋霸主，楚庄王和秦穆公紧随其后，他们两人各有五次出现在榜单中，而第五位出现在榜单上的春秋霸主，则没有明显的优势，有数位国君上榜，但大多只出现一两次。

综合历代学者的观点，齐桓公、晋文公、秦穆公、楚庄王应该是无可置疑的五霸人选，至于第五位春秋霸主，则见仁见智。

附录8
崤之战前晋军的动向

《左传》对崤之战的交战经过记录得非常少，书里侧重于战场外的伐谋之事。通过对其他资料的分析，不难推断出晋军早有伏击秦军的打算，而孟明视灭亡滑国，只是压死骆驼的最后一根稻草。

崤之战的交战地点，推定在今天河南省洛宁县交战沟附近。秦军攻打滑国的地点，大致在今天河南省偃师县附近。这两个地方的距离是130千米。

晋国的都城绛城，在今天山西省运城市的绛县附近，从绛县到交战沟，最近的路线也要200千米以上。

春秋早期沿袭了西周的国野制度。在这个制度中，生活在都城内的人被称为国人，在城外生活的人被称为野人。

国人是当时的贵族阶级，诸侯之间征战时，军队主要是由国人组成的，野人即使想参战，也没有资格。后来随着战争规模不断扩大，诸侯之间投入战争中的兵力越来越多，国人数量不足，野人才逐渐加入战场。但野人只能作为军队的底层士兵参与战争，国人则担任中高层将领。而且在春秋初期到战国初期的数百年中，参与战争的人们，大多是兵民一体，他们战时为兵，农时为民，每次出征前，统治者会在国都集结部队，随后由主帅统领出征。

所以，在春秋时期的很多战争中，军队的行军路线起点，大多是诸侯国的国都。

秦军在春天出征攻打郑国，行军路程长达一千多里，当时秦军主帅分析过，以他们的补给，支撑不了一场围城战，从这个角度分析，秦军在攻打滑国时，也是速战速决。

滑国距离交战沟只有130千米左右，比绛都近很多。在崤之战中，晋襄公还联合姜戎一起出兵伏击秦国，当时晋军在崤山隘道的西口及南北两侧高地埋下重兵，并且担任主攻的角色，而姜戎军埋伏在隘道的东口南面，承担辅助进攻和切断秦军后路的作战目标。

如果晋襄公在收到滑国被灭的消息后才组织联军作战，时间上是来不及的。

虽然这场精心策划的伏击战有很多偶然因素，根本原因在于晋国与秦国的地缘关系上，只要秦国想争霸中原，秦、晋两国之间必有战争。

基于这样的现实，先轸才会说：" 一日纵敌，数世之患。"

附录 9
晋襄公为何提拔赵盾为中军将

在晋襄公执政后期，晋国六卿的中军将、中军佐、上军将、上军佐相继去世，晋襄公顺势裁减人员，重组六卿。

其中有一个耐人寻味的细节，值得人们深思。

晋军在夷地阅兵后，狐射姑担任中军将，赵盾担任中军佐，先克担任上军将。诡异的是，晋襄公很快朝令夕改，将赵盾与狐射姑二人的职位调换。

《左传·文公六年》记载："阳处父至自温，改蒐于董，易中军。"按照书中记载，阳处父改变阅兵地点，并且将赵盾提拔为中军将。晋襄公仍在，阳处父不可能僭越，因此笔者认为，史书的记载值得商榷。

纵观晋襄公的一生，他的视野和格局远超常人，并且很有主见。他不太可能片面地听信阳处父之言，就随意改变了中军将的人选。

梳理前因后果，我们可以发现，或许是晋襄公有意借阳处父之手，调整赵盾和狐射姑的职位。原因在于，在夷地阅兵时，晋襄公曾经想提拔士縠、箕郑父、先都、梁益耳等人成为六卿，但遭到了重耳流亡团后裔们的阻拦。

如何分化流亡团后裔们的关系，成为晋襄公需要考虑的事情。阳处父的劝谏，恰好可以达到分化对方的目的。晋襄公顺水推舟，谈笑间达到分而治之的目的，这是上位者常用的手段。

随后事情的走向，也的确如此。赵盾与狐射姑决裂，狐射姑流亡到狄国。

附录10
成语"一鸣惊人"的考证

《史记·楚世家》记载：庄王即位三年，不出号令，日夜为乐，令国中曰："有敢谏者死无赦！"伍举入谏。庄王左抱郑姬，右抱越女，坐钟鼓之间。伍举曰："愿有进隐。"曰："有鸟在于阜，三年不蜚不鸣，是何鸟也?"庄王曰:"三年不蜚,蜚将冲天;三年不鸣,鸣将惊人。举退矣,吾知之矣。"居数月,淫益甚。大夫苏从乃入谏。王曰:"若不闻令乎?"对曰:"杀身以明君,臣之愿也。"于是乃罢淫乐,听政,所诛者数百人,所进者数百人,任伍举、苏从以政,国人大说。是岁灭庸。六年,伐宋,获五百乘。

大意是,楚庄王即位三年,从未发布任何政令,日夜寻欢作乐,下令说,有敢进谏之人,杀无赦。伍举进谏时,楚庄王正左拥右抱玩乐。伍举说:"我向您说一个谜语,有一只鸟落在土山上,三年不飞不鸣,这是什么鸟呢?"

楚庄王回答:"三年不飞,一飞冲天;二年不鸣,一鸣惊人。我知道你的意思了,你退下吧。"

过了几个月,楚庄王更加纵情声色。大夫苏从入宫进谏。楚庄王说:"你没有听到我的诏令吗?"

苏从回答:"如果我死,能让您变得贤明,那我心甘情愿。"

于是楚庄王停止享乐,开始处理政务,并杀死了几百个罪人,擢升了几百个有功之臣,任用伍举、苏从管理政务,楚人很高兴,当年楚国灭掉庸国,楚庄王六年,讨伐宋国,缴获五百辆战车。

由于《史记》在中国历史中有着举足轻重的地位,很多人将其中的记载奉为圭臬。关于楚庄王"一鸣惊人"的成语故事,也大多脱胎于《史记》的记载。

实际上,司马迁凭借一己之力,洋洋洒洒写下五十万字,其中难免会有纰漏。《史记·楚世家》在此处便记载有误。

抛开楚庄王即位时的种种内忧不提,《史记》中出现的伍举和苏从二人,便值得商榷。伍举在公元前541年出现于《左传》的记载中。笔者认为,《左传》对伍举的记载,应当属实。因为伍举是伍子胥的爷爷,而伍子胥生于公元前559年前后，于公元前484年自尽身亡。从伍子胥死亡时间推断，伍举的确有可能在公元前541年活跃于楚国政坛上。

那么楚庄王三年是公元前611年，距离公元前541年整整七十年，时间跨度很大，因此伍举不可能在当时劝谏楚庄王。

至于苏从，除了《史记》，其他史料几乎没有相关记载，所谓孤证不立，苏从的身份，也值得商榷。

此外，《史记》中提到楚庄王杀了数百人，提拔了数百人，也有夸大之意。

最早关于楚庄王一鸣惊人的记载，出自《韩非子·喻老》一文中。书中记载：楚庄王莅政三年，无令发，无政为也。右司马御座而与王隐曰："有鸟止南方之阜，三年不翅，不飞不鸣，嘿然无声，此为何名？"王曰："三年不翅，将以长羽翼；不飞不鸣，将以观民则。来日飞必冲天；虽无鸣，鸣必惊人。子释之，不谷知之矣。"又半年，乃自听政。所废者十，所起者九，诛大臣五，举处士六，而邦大治。举兵诛齐，败之徐州，胜晋于河雍，合诸侯于宋，遂霸天下。庄王不为小害善，故有大名；不蚤见示，故有大功。故曰："大器晚成，大音希声。"

大意为楚庄王即位三年，无所事事，楚国右司马隐晦地问楚庄王："南方的土山上有一只鸟，三年不张开翅膀，不飞也不叫，默然无声，这是为什么？"

楚庄王回答说："三年不张开翅膀，是因为要让羽翼长得更丰满些，不飞也不鸣，则是要暗中观察民众的所作所为。虽无飞，飞必冲天，虽无鸣，鸣必惊人。你放心吧，我知道了。"

当年，楚庄王亲政，他罢免十人，提拔九人，杀五人，提拔六个没有官职之人，从此楚国大治。楚庄王在徐州击败齐国，在河雍战胜晋国，在宋国会盟诸侯，称霸天下。楚庄王没有因为小事情而损害善举，所以名垂青史，他没有过早暴露自己的才能，所以有大成就。

因此老子说："大器晚成，大音希声。"

成语"一鸣惊人"出自《韩非子》，成语"大器晚成"和"大音希声"则出自老子的《道德经》，《韩非子》在此引用。

《韩非子》并非一本严谨的史书，韩非子借前人之事，来阐述自己的观点，寓言的性质更强。而《韩非子》的史学价值，体现在韩非子所生活的战国时代，这也符合时人记时事的特性。

同时，《史记·滑稽列传》中，则记载了关于成语"一鸣惊人"的另一个典故，故事的主人公则变成了齐威王和淳于髡。而故事所说的事情，与楚庄王的版本如出一辙。由此推断，"一鸣惊人"并非源自真实的历史。

附录11
公子燮和斗克叛乱之谜

《左传·文公十四年》记载："楚庄王立，子孔、潘崇将袭群舒，使公子燮与子仪守而伐舒蓼。二子作乱，城郢而使贼杀子孔，不克而还。八月，二子以楚子出，将如商密。庐戢梨及叔麋诱之，遂杀斗克及公子燮。"

这段记载，本书在正文中有提及。

随后，《左传》也给出原因："初，斗克囚于秦，秦有殽之败，而使归求成，成而不得志。公子燮求令尹而不得。故二子作乱。"

《左传》认为，秦军殽之战惨败后，释放斗克。斗克回国后郁郁不得志。公子燮因为想做令尹，求而不得，所以两人作乱。

因为《左传》是春秋历史中最重要的文献之一，因此后人引用《左传》的观点，认为公子燮和斗克发动叛乱。

实际上，二人叛乱有很多疑点。

斗克身为太师，公子燮身为太傅，同时又是楚庄王的叔叔，他们两人没有叛乱动机。

二人趁令尹成嘉出征时，修筑城墙，并且派出刺客刺杀对方。当时楚王与若敖氏之间矛盾重重，如果令尹成嘉去世，楚庄王无疑是受益者之一。

当令尹成嘉率兵回师郢都时，公子燮和斗克不敌，仓皇出逃，但二人出逃时，又带走了楚庄王。《左传》原文为，"二子以楚子出，将如商密"。"以"字在商务印书馆出版的《古代汉语词典》中，有十一种解释，其中并没有挟持的意思，最贴切原文的解释为带领、率领的意思。如果楚庄王也参与了刺杀令尹成嘉的计划，那么公子燮和斗克将他带离郢都，保护他的用意远大于挟持他。

公子燮和斗克在公元前613年八月离开郢都，被杀后，同年，仅仅数月后，令尹成嘉便莫名其妙地因病去世。这一切太过巧合。

公元前611年，楚国饥荒，国内接二连三出现叛乱，楚庄王并没有起用若敖六卒，而是前往秦国借兵。巧合的是，楚国群臣中，与秦国渊源最深的人，正是斗克。楚庄王借兵之事，足以引起人们的深思。

在平定庸国叛乱时，史书上记载蒍贾、潘尪、庐戢梨为平乱做出了贡献，其中庐戢梨便是最初率领楚军征伐庸国的将领。当楚庄王站稳脚跟后，蒍贾和潘尪成为楚国重臣，偏偏诱杀公子燮和斗克的庐戢梨，消失于史书中。如果公子燮和斗克真的挟持人质，那庐戢梨前有救驾之功，后又参与平乱，他理应被楚庄王重用，而不是莫名地消失。

基于以上疑点，或许存在这样一种可能：楚庄王即位后，公子燮和斗克辅佐他处理若敖氏专权的症结。令尹成嘉出征群舒时，楚庄王与二人密谋刺杀对方，失败后，公子燮和斗克为了保护楚庄王，带着他一起逃亡商密。三人打算在商密借秦军之力，反攻郢都。

众人抵达庐地时，庐戢梨诱杀了公子燮和斗克，并将楚庄王送回郢都。

数月后，令尹成嘉莫名去世。两年后，楚国爆发饥荒，境内多起叛乱。楚庄王借秦军之力，一鸣惊人，平定叛乱。随后，庐戢梨被雪藏。

史书记载，楚庄王平乱的同一年，即公元前611年，蔿贾污蔑斗般谋反，楚庄王顺势将斗般杀死。斗般死后，原楚国司马斗越椒成为新令尹，蔿贾则受到重用，担任了司马一职。

笔者的一家之言，与《左传》的观点大相径庭，仅作为假设，以飨读者。

附录12
楚庄王的两三件轶事

春秋正史大多基于鲁国国史而编纂，因为鲁国有尊晋贬楚的倾向，因此正史中对楚庄王的记载较少。

《史记》《列女传》《吕氏春秋》等文献中，记载了一些关于楚庄王的逸事。由于相关书籍的成书年代，远远晚于楚庄王生活的时代，可信度有待商榷。比如《史记》中关于楚庄王"一鸣惊人"的记载，明显失真。

我们姑且将这些记载当作文化常识，做一番了解。

西汉时期刘向所著的《列女传》中记载，楚庄王的夫人，叫作樊姬。当年楚庄王即位时，很喜欢打猎，樊姬不断规劝楚庄王，但楚庄王我行我素，坚决不改。为此，樊姬不肯吃楚庄王打猎而来的禽兽之肉。楚庄王宠爱樊姬，便不再沉迷于打猎，转而勤勉政事。

有一次，楚庄王上朝时间很长，归来时，樊姬前来迎接他时问："为什么今天散朝这么晚？大王您有没有饥饿疲倦？"

楚庄王回答说："我和贤者在一起，不知疲倦。"

樊姬追问说："大王口中的贤者，是谁呢？"

楚庄王说："是虞丘子。"

虞丘子生卒年不详，据传说，他是楚穆王之子，换言之，他与楚庄王是兄弟关系，也有后人推测，虞丘子是沈尹子桱，在楚庄王平定若敖氏之乱后，虞丘子担任令尹之职。

樊姬听完捂嘴笑了起来。楚庄王很奇怪，反问道："你笑什么？"

樊姬回答道："虞丘子称得上贤臣，但算不上忠臣。我伺候大王已有十一年，我派人前往郑国、卫国替大王寻求贤惠的女子，如今大王后宫中，比我贤惠之女有两人，与我并列的有七人，您说我不想独占大王的宠爱吗？并不是，只因为我不能固守私情而蒙蔽国事，我想让大王多见一些人，多了解一些人。虞丘子担任楚国令尹已有十余年，所推荐之人，不是他的子弟，便是同族的兄弟，他这样做，是蒙蔽国君，而且拥堵贤人晋升之路。知道贤人而不举荐，这是不忠，而不能识别贤人，这是不智。我刚才为这件事发笑。"

第二天，楚庄王把樊姬的话告诉虞丘子，虞丘子站起身来，不知如何回答。后来，他让出令尹府，派人前去迎接孙叔敖，并将孙叔敖推荐给楚庄王。

楚庄王让孙叔敖担任令尹，治理楚国三年，楚国得以称霸。楚国史书因此记载："庄王之霸，樊姬之力也。"

《吕氏春秋》和《列女传》都记载了虞丘子让位于孙叔敖之事，但《列女传》的这个故事，中间依然有漏洞。

目前，并没有确信的史料或者出土文物，可以证明虞丘子便是沈尹子桱。沈尹在楚庄王时代，应该是个官职，后世逐渐演变成姓氏。

除此之外，楚庄王在公元前605年平定若敖氏之乱，当时的令尹为斗越椒，而在公元前597年，孙叔敖已经成为令尹。中间仅有八年时间，不可能有人担任十多年的令尹之位。

而孙叔敖成为令尹，也绝不是单纯因为他才能过人。孙叔敖是蒍吕臣之孙，蒍贾之子，蒍氏家族三代人纠缠于楚王和若敖氏之间，他们与楚王的关系，远比人们想象得密切。孙叔敖的出身，也是他能成为楚国令尹的重要因素。

刘向写的另一本书《说苑》中，记载了一个特别出名的典故，名为"绝缨之宴"。刘向版的原文很短，《说苑》中记载："楚庄王宴群臣，日暮酒酣，灯烛灭。有人引美人之衣。美人援绝其冠缨，以告王，命上火，欲得绝缨之人。王不从，令群臣尽绝缨而上火，尽欢而罢。后三年，晋与楚战，有楚将奋死赴敌，卒胜晋军。王问之，始知即前之绝缨者。"

大意为楚庄王大宴群臣，喝到日暮时分，众人酒醉正酣，烛火忽然灭了，此时有人牵引楚庄王后宫美人的衣衫，美人趁机扯下那人帽子上的缨带，并将此事上报给楚庄王，要求点燃灯火，找到帽子上没有缨带之人。楚庄王不肯，他命群臣都扯下缨带，然后才点燃烛火，君臣众人尽兴而归。

三年后，楚国与晋国作战，有一名楚将拼死杀敌，取得大胜。楚庄王询问缘由，才知道这位将领，便是当年绝缨之人。

现如今，流传最广的绝缨之宴，并非出自《说苑》，而是明代历史小说《东周列国志》第五十一回"责赵盾董狐直笔，诛斗越椒绝缨大会"之中。

但是《东周列国志》的记载，并不准确，书中记载，楚庄王平定若敖氏之乱后，宴请群臣，此时发生了绝缨之宴事件。七年后，楚国围郑，楚将唐狡作为楚军先锋，仅带一百人，为楚军开路，此时楚庄王才知道，唐狡是当年的绝缨之人。

刘向生活于西汉末年，距离春秋时代更近，而冯梦龙是崇祯年间的贡生，冯梦龙版本的"绝缨之宴"，也有明显借鉴刘向之处，因此笔者认为，冯梦龙在刘向《说苑》的基础上，演绎出现行版的"绝缨之宴"。

除此之外，《史记·滑稽列传》也记载了一件楚庄王的逸事。话说楚庄王有一匹心爱的骏马，他给骏马的待遇甚至超过了士大夫的待遇，和卫懿公好鹤类似。楚庄王给爱马穿戴刺绣的服侍，喂它奢侈的枣脯，更让它住在富丽堂皇的房子中。

后来这匹马无福消受，胖死了。

楚庄王让群臣给爱马发丧，并且要求以大夫之礼安葬。楚国群臣对此表示不满，楚庄王下令说："再有议论葬马之事的人，将被处死。"

后宫有位叫作优孟的伶人听说葬马之事，跑进大殿放声痛哭。楚庄王问他缘由，优孟回答说："死去的马是大王您的心头肉，想我堂堂楚国，沃野千里，如今竟然以大夫之礼安葬，太小家子气了。大王您应该以君王之礼安葬它。"

楚庄王顺着优孟的逻辑深思后，才明白朝中群臣为何不满，于是取消了葬马的打算。

至于楚庄王"一鸣惊人""问鼎中原""饮马黄河"等典故，正文中有详细描述，在此不再赘述。

附录 13
三箭平乱

明代历史小说《东周列国志》演绎了若敖氏之乱的过程，这个故事精彩纷呈，值得一书。

令尹斗越椒造反时，楚国满朝文武震惊。因为斗越椒是楚国有名的神箭手，能文能武，而且他手下的若敖氏卧虎藏龙，实力不容小觑。

为此，楚庄王张榜招贤，说如有能胜斗越椒者，即封为令尹。养由基看见告示，便上前揭下招贤榜。

楚庄王一见养由基，只觉这少年英姿勃发，是个将才。楚庄王有心掂量掂量对方的斤两，便当面考他。楚庄王先让他射一只蜻蜓，而且不能将这只蜻蜓射死。养由基闻言张弓搭箭，一箭射掉蜻蜓的翅膀。楚庄王大喜过望，有养由基这个级别的神箭手帮自己，平乱的胜算大增。

斗越椒作乱时，中了埋伏，叛军来时渡河的清水桥被人偷偷拆毁了，断了他的后路。于是若敖氏的族人便寻找水浅的地方渡河。楚庄王帐下中军出现在河对岸，他们高呼着要活捉斗越椒。斗越椒顿时大怒，命士卒隔河放箭。

此时，只见一名少年跳出阵中，向对方叫板说："斗老贼，你一向自夸箭术高超，咱们来比三箭如何？"

斗越椒身为楚国令尹，位高权重，不认识养由基，于是他当即问道："来者何人？"

那少年说："我是楚王帐下小将养由基。"

斗越椒依然很狂妄地说："你想和我比试，也不是不可以，你先让我射你三箭。"

话音刚落，斗越椒张弓搭箭，射出了第一箭。箭到眼前，养由基用弓梢轻轻一拨，飞箭改变方向，落入水中。

说时迟那时快，斗越椒的第二箭也直奔养由基面门，养由基俯身蹲下，又将箭躲过。斗越椒抗议说："你说不许躲闪，你怎么还能蹲下呢？"

养由基笑着说："好，这一次，我不躲，若是你依然射不中，便轮到我了。"

斗越椒两箭落空，心里不免发虚，他牙关紧咬，使出浑身解数，射出第三箭。这一次养由基不闪不躲，他张开嘴，用牙齿将箭头咬住。

旋即，养由基反手抽出一支箭搭在弓弦上，虚张声势地拉满弓弦，口中喝道，令尹看箭。

斗越椒听到弓弦声响，立刻躲闪，谁知养由基这一箭根本没有放出，他瞧见斗越椒躲闪，调侃对方道："你我约定不可躲闪，为何你却狼狈躲闪？"

斗越椒强词夺理地回答说："如果你怕别人躲闪，说明你水平也高不到哪里去。"

养由基再次拉满弓弦，斗越椒见状，再次上蹿下跳地躲闪，结果发现对方还是没有将箭射出来。斗越椒刚刚松了一口气，就在此时，养由基放出了那一箭。

这一箭直奔斗越椒面门，斗越椒躲闪不及，当场被箭矢射穿脑袋，栽倒在地，一命呜呼。

叛军将士见斗越椒的脑袋被人穿了糖葫芦，一时间群龙无首，阵脚大乱，楚军趁机出兵，将叛军斩尽杀绝。

这个典故也被称为"三箭平乱"。养由基从此扬名楚国，楚人称之为养一箭。

附录 14
郑灵公之死

在郑灵公即位的第一年，楚国曾经送给郑灵公一只鼋❶。

郑灵公一看，这么大一只鼋，用来炖汤想必是极好的。于是他命人将这只鼋宰了炖汤喝。

碰巧，郑国大夫公子宋和公子归生有事向郑灵公汇报，二人结伴向宫中走去。半路上，公子宋的食指仿佛抽筋一样地抖动，他对公子归生说："你看见我这根食指没？只要它像现在这样抖动不停，就味着很快我们能尝到新奇的美味。"

成语"食指大动"的典故，即来源于此。

二人进宫拜见郑灵公时，正看见厨师在宰杀这只大鼋。两人相视一笑，公子宋心里很得意。

郑灵公看见两人神神秘秘地偷笑，觉得莫名其妙，便开口询问他们原

---

❶ 鼋：yuán 音，淡水鳖中体积最大的一种。

因。公子归生将食指大动的来龙去脉，一五一十告诉了对方。

郑灵公很顽皮，等鳖汤熬好后，他召集大夫们入宫品尝，并特地将公子宋叫到跟前，但故意不给公子宋吃。

公子宋在一旁看着大夫们吃得津津有味，他咽着口水问："郑灵公，大王，这汤好喝不？"

郑灵公喝了一口汤咂着嘴巴说："我帮你尝了，特别好喝，特别鲜美。"

公子宋很崩溃，心说我都这样提醒你了，你还不给我尝尝，这是故意捉弄我。公子宋本是一个吃货，他非常生气，便伸手从锅里捞出一块鳖肉，尝了尝味道，然后不打招呼便走了。

郑灵公见状，也非常生气，他暗中盘算如何杀掉公子宋。

公子宋回去后，找公子归生暗中商量说："我们大王气量狭小，他一定会报复我，我们先下手为强，把他杀了吧。"

公子归生就劝他说："你便是养头牲畜，它老了你都不忍心杀，更别说是国君了？"

公子归生的原话，便是如此，《左传·宣公四年》记载了他的原话："畜老,犹惮杀之,而况君乎？"

公子宋说："如果你不跟我一起，我便向国君举报你要弑君。"

公子归生心生忌惮，他索性一不做二不休，在那年夏天，和公子宋一起将郑灵公弑杀。

《春秋》将这件事记载得清楚："郑公子归生弑其君夷。"按照春秋史官约定俗成的规则，在记录弑君这件事上，如果他们只记载了国君的名字，那说明国君昏庸无道，弑君之事是国君的过错，如果只记载了臣子的名字，则是臣子的罪过。如果两个都记载了，那么双方都有过错。